中华复兴之光
万里锦绣河山

U0588867

壮美黄河风光

冯 欢 主编

汕頭大學出版社

图书在版编目（CIP）数据

壮美黄河风光 / 冯欢主编. -- 汕头 ：汕头大学出版社，2016.1（2023.8重印）

（万里锦绣河山）

ISBN 978-7-5658-2367-1

Ⅰ．①壮… Ⅱ．①冯… Ⅲ．①黄河—介绍 Ⅳ．①K928.42

中国版本图书馆CIP数据核字(2016)第015717号

壮美黄河风光　　　ZHUANGMEI HUANGHE FENGGUANG

主　　编：冯　欢
责任编辑：江艳蕾
责任技编：黄东生
封面设计：大华文苑
出版发行：汕头大学出版社
　　　　　广东省汕头市大学路243号汕头大学校园内　邮政编码：515063
电　　话：0754-82904613
印　　刷：三河市嵩川印刷有限公司
开　　本：690mm×960mm　1/16
印　　张：8
字　　数：98千字
版　　次：2016年1月第1版
印　　次：2023年8月第4次印刷
定　　价：39.80元
ISBN 978-7-5658-2367-1

前　言

　　党的十八大报告指出："把生态文明建设放在突出地位，融入经济建设、政治建设、文化建设、社会建设各方面和全过程，努力建设美丽中国，实现中华民族永续发展。"

　　可见，美丽中国，是环境之美、时代之美、生活之美、社会之美、百姓之美的总和。生态文明与美丽中国紧密相连，建设美丽中国，其核心就是要按照生态文明要求，通过生态、经济、政治、文化以及社会建设，实现生态良好、经济繁荣、政治和谐以及人民幸福。

　　悠久的中华文明历史，从来就蕴含着深刻的发展智慧，其中一个重要特征就是强调人与自然的和谐统一，就是把我们人类看作自然世界的和谐组成部分。在新的时期，我们提出尊重自然、顺应自然、保护自然，这是对中华文明的大力弘扬，我们要用勤劳智慧的双手建设美丽中国，实现我们民族永续发展的中国梦想。

　　因此，美丽中国不仅表现在江山如此多娇方面，更表现在丰富的大美文化内涵方面。中华大地孕育了中华文化，中华文化是中华大地之魂，二者完美地结合，铸就了真正的美丽中国。中华文化源远流长，滚滚黄河、滔滔长江，是最直接的源头。这两大文化浪涛经过千百年冲刷洗礼和不断交流、融合以及沉淀，最终形成了求同存异、兼收并蓄的最辉煌最灿烂的中华文明。

五千年来，薪火相传，一脉相承，伟大的中华文化是世界上唯一绵延不绝而从没中断的古老文化，并始终充满了生机与活力，其根本的原因在于具有强大的包容性和广博性，并充分展现了顽强的生命力和神奇的文化奇观。中华文化的力量，已经深深熔铸到我们的生命力、创造力和凝聚力中，是我们民族的基因。中华民族的精神，也已深深植根于绵延数千年的优秀文化传统之中，是我们的根和魂。

　　中国文化博大精深，是中华各族人民五千年来创造、传承下来的物质文明和精神文明的总和，其内容包罗万象，浩若星汉，具有很强文化纵深，蕴含丰富宝藏。传承和弘扬优秀民族文化传统，保护民族文化遗产，建设更加优秀的新的中华文化，这是建设美丽中国的根本。

　　总之，要建设美丽的中国，实现中华文化伟大复兴，首先要站在传统文化前沿，薪火相传，一脉相承，宏扬和发展五千年来优秀的、光明的、先进的、科学的、文明的和自豪的文化，融合古今中外一切文化精华，构建具有中国特色的现代民族文化，向世界和未来展示中华民族的文化力量、文化价值与文化风采，让美丽中国更加辉煌出彩。

　　为此，在有关部门和专家指导下，我们收集整理了大量古今资料和最新研究成果，特别编撰了本套大型丛书。主要包括万里锦绣河山、悠久文明历史、独特地域风采、深厚建筑古蕴、名胜古迹奇观、珍贵物宝天华、博大精深汉语、千秋辉煌美术、绝美歌舞戏剧、淳朴民风习俗等，充分显示了美丽中国的中华民族厚重文化底蕴和强大民族凝聚力，具有极强系统性、广博性和规模性。

　　本套丛书唯美展现，美不胜收，语言通俗，图文并茂，形象直观，古风古雅，具有很强可读性、欣赏性和知识性，能够让广大读者全面感受到美丽中国丰富内涵的方方面面，能够增强民族自尊心和文化自豪感，并能很好继承和弘扬中华文化，创造未来中国特色的先进民族文化，引领中华民族走向伟大复兴，实现建设美丽中国的伟大梦想。

目 录

壮丽山川

　　黄河被称为中华民族的母亲河，全长5400多千米，流域面积约79万平方千米，是我国第二大长河。黄河发源于青藏高原的巴颜喀拉山脉北麓的卡日曲，流经青海、四川、甘肃、宁夏、内蒙古、山西、陕西、河南及山东等地，最后流入渤海。

　　黄河流域西到巴颜喀拉山，北抵阴山，南至秦岭，东注渤海。流域内地势西高东低，高差悬殊，形成自西而东、由高及低三级阶梯。

　　黄河从青藏高原开始，泛黄之水一路蜿蜒，东流入海，谱写了一曲曲黄河儿女的壮丽诗篇。

太白金星指点黄龙造黄河

　　传说很久以前，在千里岷山以北是一片大草原。这里地势平坦，生长着许多动植物，丰茂的水草把这里装点得如同天堂一般美丽。

　　但是，在岷山以外，却没有一条能够汇聚百川的大河，沧海横

流，大水泛滥。人们因此失去了家园，流离失所，生活苦不堪言。

在岷山以北的大草原上，生活着一条很大的黄色巨龙，他经常在天上飞腾。当他看见岷山以外人们生活得如此痛苦时，就想为人间开凿一条大河，让洪水不再泛滥。

黄龙把他的想法告诉了太白金星，太白金星表示十分赞同。

黄龙说："我虽有此想法，却不知向哪个方向开凿河道，更不知河水该流向哪里啊？"

太白金星说："切勿忧虑，我来帮你解决吧！你尽管安心开凿河道吧！我在天上提一盏灯来给你指引方向，灯指向哪里，你就向哪个方向开凿河道，水就会流向哪里呢！最终水会流到渤海的。海特别大，再多的水都装得下啊！"

太白金星最先把灯升起在了青藏高原巴颜喀拉山北麓约古宗列盆地的上空。巴颜喀拉山旧称巴颜喀喇山，蒙古语意为"富饶的青色的

山"。巴颜喀拉山藏语叫"职权玛尼木占木松",是祖山之意。

巴颜喀拉山地势高耸,群山起伏,雄岭连绵,景象恢宏,它是庞大昆仑山脉南支的一部分,走向由西北向东南,向西为可可西里山脉,向东与岷山、邛崃山相望。

约古宗列是一个很大的椭圆形盆地,周围山岭环绕。盆地内有许多水泊,水泊四周,是绿草如茵的天然牧场。

在盆地的西南面,那时有一股从地底冒出的水流。水不停地喷涌而出,汹涌翻滚着,汇合成了盆地内浸渗出来的无数水流。这些水流交错纵横,到处流淌,是造成当时人间洪水泛滥的源头。

黄龙在天上仔细察看地形后,降落在一个叫卡日曲的地方。这里位于青海腹地,在腹地上有昆仑山、巴颜喀拉山和布尔汉布等大山。这些大山,高峻的山顶,终年积雪,秀美如画。

黄龙就决定把这里当作源头,一切从这里开始干起。他最先用身子在地上打滚，希望把那些大山荡平，以开凿出一条河流。但是，大山山石太坚硬了，把他身上划出了许多血痕。黄龙非常恼怒，便以头拱山，想把大山拱开。

黄龙鼓足劲儿地拱，终于把一座山拱开了，瞬间形成一个盆地。一时间，高山雪水奔涌而下，形成了花海子，当地人称它为星宿海。

接着，黄龙顺势一滚，形成了一条很宽的河道，无数水流开始大量汇聚，在卡日曲汇口以下形成了一条干流。后来，人们认为这条干流是黄龙开凿的，为了纪念黄龙的功绩，就把它叫作黄河沿。藏族人称它为玛曲，在藏语中，玛曲就是黄河之意。

从玛曲流出的水流进入扎陵湖后，从湖的南部流出，沿河道一直东行流入鄂陵湖，出鄂陵湖后再转东向南流到黄河沿，人们便把黄河沿以下的干流称为黄河。

后来，玛曲这个地方，经常发生洪水或旱情，这给当地人们的生活带来了极大的困苦。每当洪涝灾害出现之时，当地的藏族人民就会聚拢在玛曲，祭拜河神，以祈求平安。

　　黄龙按照太白金星神灯的指引，日夜兼程。黄龙每拱一下，就形成一处山川或河流，他不知疲倦、如迅雷闪电般地在草原上奔跑着、忙碌着。

　　有一天，黄龙从贵德来到民和境内，又从民和下川口进入甘肃。黄龙望着清澈见底的水流，不觉放慢了脚步。也正因为如此，这里没有形成大的山峦起伏，气候也格外温和湿润，这就是后来人们所称的"高原小江南"。

　　黄龙在这里停歇了，他没有剧烈地运动和翻滚。因此，这里水多沙少，成了黄河的清水来源。由于河水始终是清澈的、宁静的，这里便有了后来"天下黄河贵德清"的说法。

　　黄龙在贵德这里休息了一会，不知不觉打了一个盹，也许是他太累了，居然在这里睡着了。

　　他梦见自己开凿的河道奔涌如潮，一路汹涌向东，他不觉兴奋起来。在睡梦中，他翻了翻身，便荡平了一些小丘陵，于是就在这里形成了宁夏平原和河套平原。宁夏平原和河套平原处在黄河上游河谷地带，水草丰美，后来有"塞上江南"的美称。

黄龙一觉醒来，疲倦顿消，他又开始奔跑起来。就在黄龙奔跑之时，一个天神忽然挡住了黄龙的道路。黄龙为了避免和天神发生正面冲突，他急忙转弯，向东钻入了深山中。

这里高耸着阿尼玛卿山、西倾山和青海南山等大山，黄龙用尽全身力气，还是没能把巨山拱开，他只有沿着山势前行。他东拱一下，西拱一下，于是龙羊峡、积石峡、八盘峡、青铜峡等便应运而生了。瞬间，20多个峡谷在悬崖峭壁间便形成了。这就是为什么黄河河道在这一段呈"S"形弯曲的原因啊！

黄龙走出青铜峡后，终于摆脱了几座大山的束缚，他一路奔腾，势不可当。他沿着鄂尔多斯高原的西北边界向东北方向滚动，然后向东前行，直抵河口。因为没有大山阻拦，黄河两岸便形成了大片的冲积平原，这就是后来著名的银川平原与河套平原。

　　黄龙从河口来到汾渭平原，他翻滚身子的同时，突然间打了个喷嚏，唾沫飞溅，瞬间便形成了汾河、洛河、泾河、渭河、伊洛河和沁河等众多河流。这些河流同时卷起黄龙身上的泥沙奔涌而下，汇聚一起，形成了宽阔的河谷，这就是黄河中游开始出现大量泥沙的缘故。

　　黄龙看见大量泥沙，他有些心急，便加速前行。他从禹门口出来，一路健步如飞，东拱西拱，形成的河道也左右摆动，很不顺直。

　　又因为他受到山岭的阻挡，黄龙势头大减，拱成的河谷也骤然缩窄了，形成一道宽1000余米的天然卡口。卡口也因山势而变得越来越窄，最后形成了仅容一车一马而过的羊肠小道，这便是后来的潼关。

　　潼关位于渭南的港口镇，地处关中平原东部，雄踞要冲之地，是我国古代著名关隘之一。潼关的形势非常险要，渭、洛二川在此相会，抱关而下。潼关周围山连山，峰连峰，谷深崖绝，山高路狭。

　　黄龙正在前行之际，皋兰山却又横在他的面前。黄龙把皋兰山打量了一番，便凭着自己的气力和本领，呼啸着向皋兰山撞去，"咚咚咚"连撞三次，皋兰山却纹丝没动。

突然，皋兰山中传来一阵奸笑，天庭的金刚力士和一群天神出现在它面前。黄龙这才知道，原来一切都是天神布下的疑阵。他便和金刚力士斗了几个回合，但他不敢恋战，转身向北，拱进了贺兰山。

黄龙沿着贺兰山，翻崖穿谷，匆匆而行，他每拱一处便形成一处峡谷。为了躲避天神阻拦，他拐了一个弯又一个弯，日夜兼程，越跑越快。就这样，形成了著名的"九曲十八弯"。

此时，黄龙来到小浪底上空，中条山和崤山横在面前。黄龙加大力气，从两座大山间蜿蜒穿过，在崇山峻岭间，他冲开了一个狭长的晋陕大峡谷。

晋陕大峡谷是黄河干流上的最后一段峡谷，峡谷在托克托县河口形成了黄河"几"字形弯的右半边。滔滔河水在这里奔流而下，景色异常壮观。

在河套地区呈东西走向的黄河，在此段急转为南北走向，由鄂尔

多斯高原挟势南下，左带吕梁，右襟陕北，深切于黄土高原之中。这里谷深皆在百米以上，河床最窄处如壶口，仅30米至50米，可以说真正的"黄"河是在这里成就的。

且说黄龙向北跑了数百千米，阴山又挡住了去路。他想，不能再向北了，这样会离渤海越来越远。再说，他虽鼓着劲儿不分昼夜地奔跑，可气力却渐渐不支了。他为了尽快赶到渤海，在阴山脚下，他又转了个弯，向东奔去。

黄龙刚走不远，太白金星就降落在他的面前。太白金星问黄龙："你气力如何呢？"

"头重尾轻，筋疲力尽啊！"黄龙答道。

"向东是一座大山，即使没有天神阻挡，你也会很费时力，不如就从这里拐弯向南。那里皆是黄土，行走和拱河都十分省力。再者，你造河时可把黄土冲卷进水里，带到渤海，填平龙宫，闷死龙王，为民除害。"

　　黄龙一听能够为民除害，他于是就来劲了。他就按照太白金星的指点，在阴山东头拐弯向南。他披星戴月，餐风饮露，用尽平生力气，卷走黄土，要一举填平渤海。黄龙闯过龙门天险便调头向东了。

　　东边是中原大地，一马平川，没有山峦峰谷。金刚力士暗自惊慌，因为黄龙一到平原，临近渤海，就再没有拦阻捉拿黄龙的时机了。于是，金刚力士便布下三门大阵，请来数百名天兵天将，要和黄龙决一死战。

　　黄龙被里三层外三层的天兵天将团团包围着。黄龙知道，这是决定胜负的最后拼杀。尽管他一路劳累，他还是振作精神，力战群敌。怎奈黄龙寡不敌众，身上多处受伤。众天兵天将里外呼应，慢慢地缩小了包围圈，就要把黄龙擒住了。黄龙在重围中岌岌可危。

　　人们听说黄龙要去找渤海龙王为民除害，并历尽千难万险想造一条大河，消除泛滥洪水，为民造福，都十分同情和支持黄龙。人们成群结队地去请求力大无比的治水英雄大禹设法救助黄龙。

　　大禹听后，就带着开山斧和避水剑，给黄龙打开了一条向东的出路。黄龙悲喜交集，情不自禁地鼓足干劲，他不顾浑身的伤痛，跳出

重围。当黄龙历尽艰辛来到海边时，他已经奄奄一息了。

黄龙无力再去和龙王拼搏了，他知道自己活不长久了，他想把自己开凿的大小河道连起来，形成一条大河。于是，他在地上打了一个滚，形成了一条巨大的主河道，瞬间，那些大小河流都被这条主河道连接起来了，纷纷流进了主河道。黄龙用尽了最后一点气力，施展法术，将自己的身体无限地伸长、伸长……

黄龙的头伏在渤海边，身子沿着他来渤海走过的路向后延伸着，弯弯曲曲，绵绵延延，高高低低，从头看不到尾。

此时，只听黄龙惊天动地一声大吼，身躯瞬间化为大河，滔滔河水，奔腾不息，直泻渤海。从此后，人们就把这条河叫作"黄河"。

玉皇大帝把金刚力士和没拦住黄龙的天神打下凡间，让他们长年累月住在原来布阵设防的地方。天神们眼睁睁地看着黄河之水向东流淌着，这样，就流传下了"黄河九曲十八弯，弯弯有神仙"的说法。

知识点滴

黄河源一般认为位于青海的腹地。河源一为扎曲，二为约古宗列曲，三为卡日曲。扎曲一年之中大部分时间干涸，而卡日曲最长，是以五个泉眼开始的，流域面积也最大，在旱季也不干涸，卡日曲最长支流那扎陇查河是黄河的正源。

在青海玛曲上游的约古宗列曲，矗立着数十个"黄河源"石碑。一直以来，很多人都认为这就是黄河的源头。后来经过考察，最终确定了黄河的真正源头，是位于青海省卡日曲上游的那扎陇查河。从这里算起，中华民族的母亲河黄河总长度为5778千米。

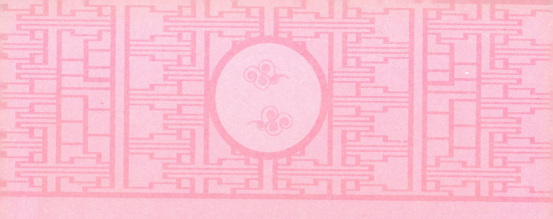

地质大运动造就万里黄河

黄龙造黄河仅仅是个美丽的传说，而黄河真正形成是源于6000万年前的一次地质大运动。那是大约距今6000万年至240万年的漫长岁月中，黄河流域地区曾经发生过一次剧烈的地质大运动。

在这次剧烈的地质大运动中，地壳遭到严重的破坏，被切割成若

干大小不等的块体。这些块体有的抬升，有的下沉，形成了各种各样的地形地貌。

地壳抬升的地块便形成了山脉，这些山脉随着时间的流逝，有些地块被风化剥蚀，逐渐夷平成了高原。地壳下沉的地块则贮水成湖，如华北、汾渭、河套、银川等沉降盆地，并进而逐渐形成了河流、湖泊或峡谷。

距今150万年至120万年的时期，原始的古黄河还是一条内陆河。它就像一个巨大的串珠，由峡谷河道串联起众多的湖泊，在最东端为浩瀚的三门湖。

在随后的数十万年里，这一地区发生了两次规模较大的冰川活动，气候寒冷、干旱，大湖逐步萎缩、分割，全区出现若干大型湖盆，以及不计其数的小型湖泊与湿地。这些古湖盆成为当地的地表水汇集区，并发育成各自独立的内陆湖水系。古黄河就是在这些独立的内陆湖盆水系的基础上，逐步演变而成的。

又经过若干年，大小河流与湖泊经过不断的变化，然后逐渐形成了一条贯穿东西的大河流。这条大河流在我国古代有多种叫法，如"河""河水""九河""大河"等。

传说那是很久很久以前，在大河边住着一个员外，员外家有一个青年长工叫黄河。黄河是卖身葬父来到员外家干活的，他勤勤恳恳，忠厚老实，在员外家干了好多年，长成了一个英俊的小伙子。

转眼间又快过年了，黄河说要回家看望他的老母亲，就去向员外辞别，员外答应了他。黄河带着行囊匆匆地赶回家，看到了他多年未见的白发苍苍的老母亲，母子悲喜交加，抱头痛哭。

黄河回家过年，还见到了他儿时的小伙伴邻居姑娘黄荷。黄荷姑娘也已长大成人了，出落得如花似玉的。昔日的小伙伴可谓是青梅竹马，再次相见便产生了深深的眷念之情，两人是难舍难分。

两家父母看见孩子双双有意，于是就成全了两个孩子，让他们结

为夫妻，在元宵节时为两个孩子简简单单地筹办了婚事，两家都皆大欢喜，小夫妻俩更是喜不自禁，恩爱有加。

办完婚事后，黄河恋恋不舍地辞别了母亲和新婚妻子，又到员外家帮工了。当员外得知黄河娶了一个貌美如花的妻子时，就心生歹意，假意说为了让夫妻团圆，让黄河把新婚妻子带来做员外老婆的丫头。

黄河自是很高兴，就回家把妻子带来了，员外一看更想把黄河妻子占为己有，就想法谋害黄河。员外让黄河跟另外一个长工一起到大河里去打鱼，并指使这个长工把黄河推入大河淹死，并说要给这个长工100两银子，事成后让他远走高飞。

这个长工果然把黄河推入河中淹死了，他回去向员外索要银子。这个长工想何不把黄荷带着一起远走呢！这样他就有了妻子和银子，于是就去纠缠黄荷。

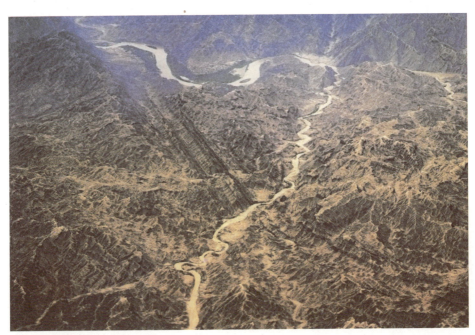

　　黄荷非常悲伤，她知道员外不怀好意，就假装答应了这个长工的要求，但要这个长工说出实情。这个长工把一切情况告诉了黄荷，黄荷听后更加悲伤。黄荷没有屈服员外的压力，也没有跟那个长工一起走，她来到了大河边，对着黄河落水的地方放声痛哭。

　　黄荷的泪水很多很多，就把河边的沙子冲起来了，河里面的水也从此发黄了；黄荷的泪水冲到大河里，大河也开始泛滥了；黄荷的哭声很悲很悲，哭声传到大河上，从此大河上面就充满了呜呜的声音。

　　黄荷从大河这边哭到大河那边，又从这座山哭到那座山，她的哭声惊动了山神，山神们都出来劝她。因此，后来人们说，"黄河十八弯，弯弯有神仙"。

　　后来，黄荷的泪水哭干了，她就变成了一座神女峰，一直凝视着大河。黄河夫妻的故事令人们非常感动，大家为了纪念他们，就把这条大河叫"黄河"。

　　这条大河由于黄荷泪水的冲刷，越冲越大，天长日久，把黄河一直冲到了东海边上了。由于河里面有黄荷的泪水，所以海水也从此变咸了，黄河也变成了一条很长很长的大河了。

黄河的含沙量很大，其实这是因为其流经黄土高原。黄土高原地表破碎、土质疏松、降水集中、多暴雨、植被少，区域地理环境因素对河流的影响很大。

黄河上游的自然生态环境恶化后，植被减少，水土流失严重，沙石被冲入黄河，引起大面积河水泛滥。经过世世代代的治理和改道，黄河泛滥逐渐减少，成为一条为人类造福的河流。

黄河流域内悠久的文明，古老的文化，壮丽的河山，奇异的自然和人文景观，共同构成了万里黄河所独有的丰富资源。黄河奔腾豪放，孕育了勤劳伟大的中华儿女，也孕育了光辉灿烂的中华文明。

知识点滴

关于黄河里的水为什么是黄色而混浊的，还有一个凄婉的传说。从前有个打鱼的老人，他有个女儿叫黄荷。一天，老人在河中救起一个小男孩，取名黄河。黄河长大后，老人便把黄荷嫁给了黄河。

一个财主借老人得病之机，设计陷害了黄河，老人不久去世，家中只剩下孤零零的黄荷。

财主见时机已到，便迫使黄荷嫁给他。黄荷的条件是，让财主向黄河取沙的那条河叫三声"爷爷"。当财主面对黄河叫"爷爷"的时候，她将财主推入河中，自己也跳进河里。

河水马上掀起大浪，浑浊汹涌，黄沙滚滚。从此，黄河的水再也没有清过。

源于青藏高原的上游景观

　　从高空俯瞰，黄河就像一个巨大的"几"字，蜿蜒曲折，滚滚东流，绵延5000多千米，流经地域广泛。黄河在我国北方蜿蜒流动，其干流贯穿我国青海、四川、甘肃、宁夏、内蒙古、陕西、山西、河

南、山东等地区，最后在山东省莱州湾流入渤海。

黄河发源于青藏高原巴颜喀拉山北麓海拔4.5千米的约古宗列盆地，一直到内蒙古托克托县河口镇以上的黄河河段，称为上游段。

黄河上游全长3472千米，流域面积38.6万平方千米，流域面积占全黄河总量的51.3%。上游河段总落差约3.5千米，平均比降为1‰。在此河段汇入的较大支流有43条，其径流量占全河的54%。

上游河段水多沙少，上游河段受阿尼玛卿山、西倾山和青海南山的控制，故呈"S"形弯曲，是黄河的清水来源。黄河上游根据河道特性的不同，又可分为河源段、峡谷段和冲积平原3部分。

从青海卡日曲至青海贵德龙羊峡以上部分为河源段。河源段从卡日曲始，经星宿海、扎陵湖、鄂陵湖到玛多，绕过阿尼玛卿山和西倾山，穿过龙羊峡到达青海贵德。这一段多系山岭及草地高原，属青藏高原，海拔均在3千米以上，山峰超过4千米，源头河谷地海拔4.2千

米，山顶终年积雪，秀美如画。

这段河流曲折迂回，两岸多为湖泊、沼泽、草滩，水质较清，水流稳定，产水量大。河段内有扎陵湖、鄂陵湖，两湖海拔高程都在4.26千米以上，蓄水量分别为47亿立方米和108亿立方米。

扎陵湖和鄂陵湖，位于黄河源头的玛多县境内，距玛多县城约40多千米，是黄河源头两个最大的高原淡水湖泊，素有"黄河源头姊妹湖"之称。

黄河从巴颜喀拉山北麓的卡日曲和约古宗列曲发源后，经星宿海和玛曲河（即孔雀河），首先注入扎陵湖。扎陵湖东西长，南北窄，酷似一只美丽的大贝壳，镶嵌在黄河上。

扎陵湖的面积达526平方千米，平均水深约9米，湖水色碧澄发亮，湖心偏南是黄河的主流线，看上去，仿佛是一条宽宽的乳黄色的带子，将湖面分成两半，其中一半清澈碧绿，另一半微微发白，所以叫"白色的长湖"。

在扎陵湖的西南角，距黄河入湖处不远，有3个约2平方千米面积不等的小岛，岛上栖息着大量水鸟，所以又称"鸟岛"。这里的鸟大都是候鸟，每年春天，数以万计的大雁、鱼鸥等鸟类从印度半岛飞到这里繁衍生息，给这里增添了无限生机。

黄河在扎陵湖经过一番回旋之后，在巴颜郎玛山南面，进入一条300多米宽的很长的河谷，河水在这里分成九股道，散乱地穿过峡谷，流入鄂陵湖。

鄂陵湖位于扎陵湖之东，其形状与扎陵湖恰好相反，东西窄，南北长，犹如一个很大的宝葫芦。湖的面积为628平方千米，比扎陵湖大100平方千米，平均水深17.6米，最深可达30多米。鄂陵湖水色极为清澈，呈深绿色，天晴日丽时，天上的云彩，周围的山岭，倒映在水

中，清晰可见，因此叫"蓝色的长湖"。

十分有趣的是，扎陵湖有供鸟类栖息的岛屿，而鄂陵湖有一个专供鸟儿们会餐的天然场所，人称"小西湖"，又称"鱼餐厅"。

每年春天，黄河源头冰消雪融，河水上涨，鄂陵湖的水漫过一道堤岸流入小西湖，湖中的鱼儿也跟着游进来。待到冰雪化尽，水源枯竭时，湖水断流，并开始大量蒸发，潮水迅速下降，鱼儿开始死亡，而且被风浪推到岸边的沙滩上。

鸟儿们吃鱼不需要花费力气去捕，只要到小西湖随便入座，就可以美美地饱餐一顿了。鸟儿最多的时候，飞翔在上空的鸟群遮天蔽日，"嘎嘎"的鸣叫声，几千米以外都能听到。

鄂陵湖烟波浩渺，波澜壮阔。上午，湖面风平浪静，纤萝不动；下午常常天气剧变，大风骤起，平静的湖面波涛汹涌，浪花拍岸。有

时，还会出现天昏地暗的景象，一会儿像连片的黑色藏帐，旌旗猎猎，一会儿又变成点点白色的风帐，由远而近，景象极为壮观。

扎陵湖和鄂陵湖海拔4.3千米，比我国最大的内陆湖泊青海湖高出约1千米，是名副其实的高原湖泊。这里地势高寒、潮湿，地域辽阔，牧草丰美，自然景观奇妙。

盛夏季节，碧空如洗，苍穹无垠，玻璃般的天幕上，不时地飘荡着樱桃似的朵朵白云。蓝天白云之下，起伏连绵的青山和熠熠闪亮的碧波，交相掩映，分外妖娆。

数以万计的天鹅、大雁、野鸭、鱼鸥等在平如明镜的湖面上嬉戏飞翔，数不清的牛羊像点点珍珠在翡翠般的湖畔滚动，令人心醉。

然而，到了贵德自孟津段却是黄土遍布的高原地区，即黄土高原。黄土高原东为吕梁西坡，南为渭河谷地，北与鄂尔多斯高原相接，西至兰州谷地。河流中段流经黄土高原地区，夹带了大量泥沙，当地有句俗语："九曲黄河十八弯，一碗河水半碗沙。"

青海玛多至甘肃玛曲区间，黄河流经巴颜喀拉山与阿尼玛卿山之间的古盆地和低山丘陵，大部分河段河谷宽阔，间或有几段峡谷。

甘肃玛曲至青海贵德龙羊峡区间，黄河流经高山峡谷，水流湍急，水力资源丰富。发源于四川岷山的支流白河和黑河在该段内汇入黄河，河源段在此处收尾。

从青海龙羊峡到宁夏青铜峡部分是上游的峡谷段。该段河道流经山地丘陵，因岩石性质的不同，形成峡谷和宽谷相间的形势：在坚硬的片麻岩、花岗岩及南山系变质岩地段形成峡谷，在疏松的砂页岩、红色岩系地段形成宽谷。峡谷段有龙羊峡、积石峡、刘家峡、八盘峡和青铜峡等20个峡谷，峡谷两岸均为悬崖峭壁，河床狭窄，河道比降大，水流湍急。

在贵德至兰州间，是黄河3个支流集中区段之一，有湟水、洮河等重要支流汇入，这就使黄河的水量大大增加。龙羊峡至宁夏下河沿的干流河段是黄河水力资源的"富矿"区。

湟水又名西宁河，是黄河上游重要支流，位于青海东部，发源于青海的包呼图山，全长374千米，流域面积约32863平方千米。

湟水流域孕育出了灿烂的马家窑文化、齐家文化、卡约文化，养育了青海地区约60%的人口，被称为"青海的母亲河"。

湟水东南流经西宁，到甘肃兰州西面的达家川入黄河。由于流域有不同的岩性与构造区，因而发育成峡谷和盆地形态。

流域峡谷有巴燕峡、扎马隆峡、小峡和老鸦峡等。峡谷一般长5至6千米，其中老鸦峡最长，达17千米，两壁陡峭，谷窄而深。盆地有西宁盆地、大通盆地、乐都盆地和民和盆地，其中以西宁盆地为最大。

湟水穿流于峡谷与盆地间，形成串珠状河谷。湟水下游河谷宽阔，富水力资源，灌溉便利，滋润着河谷大地，孕育和发展了湟水流域的农业文明。

　　湟水流域位于青藏高原与黄土高原的交接地带，处在祁连山褶皱带内。由于地质构造的制约和水系发育的综合结果，形成"三山两谷"独特的地理景观。

　　流域北界祁连山，南界拉脊山，中部的大坂山为支流大通河与干流湟水的分水岭。

　　祁连山与大坂山之间为大通河狭长条状谷地，属高寒地区，山高谷深，林草繁茂，人烟稀少，水资源丰富，当地人民以经营放牧业为主，具有青藏高原的典型特点。

　　大坂山与拉脊山之间为湟水干流宽谷盆地，丘陵起伏，黄土深厚，人口稠密，居民以农为主，农业历史悠久，水资源短缺，水的利用程度很高，呈现出黄土高原的显著特点。由此形成了在一个流域内，干流和支流并行，而自然条件和社会经济条件迥然不同的两种地理景观区。

　　洮河位于甘肃南部，是黄河上游仅次于湟水的第二大支流，源出青海西倾山东麓，流经甘肃碌曲、临潭、卓尼、岷县、临洮等地，在

永靖县境汇入黄河。

　　洮河干流河道长约673千米，流域面积约25527平方千米。洮河干流自河源由西向东流至岷县后受阻，急转弯改向北偏西流，形如一横卧的"L"字形。

　　过了峡谷段便是黄河的冲积平原段。冲积平原段起于宁夏青铜峡至内蒙古托克托县河口镇。黄河出青铜峡后，沿鄂尔多斯高原的西北边界向东北方向流动，然后向东直抵河口镇。

　　沿河所经区域大部为荒漠和荒漠草原，基本无支流注入，干流河床平缓，水流缓慢，两岸有大片冲积平原，即著名的银川平原与河套平原。沿河平原不同程度地存在洪水和凌汛灾害。河套平原西起宁夏下河沿，东至内蒙古河口镇，长达900千米，宽30至50千米，是著名的引黄灌区，灌溉历史悠久，自古有"黄河百害，唯富一套"的说法。

　　黄河上游较大的支流，除了湟水和洮河外，白河和黑河也是黄河上

游四川省境内的两条大支流。黄河上游含沙量较大的支流为祖厉河。

祖厉河由祖河、厉河汇集而成，祖厉河由此而得名。祖厉河源出会宁县南华家岭，因流域地层含盐碱较多，水味苦咸，故又称苦水河。河水含沙量较高。

祖河与厉河在会宁县城南汇合后，始称祖厉河，北偏西流，至靖远县城西注入黄河。全长22千米。

祖厉河左岸有关川河，右岸有土木岘河两大支流加入，流域面积约10647平方千米，祖厉河来水对黄河干流安宁渡断面年径流量影响不大，但来沙影响很大，泥沙量占安宁渡站的37.2%。

祖厉河流域地表破碎，沟壑纵横，黄土裸露，植被很差，水土流失严重，水小含沙量大，泥沙主要是由降雨引起，汛期平时水量很少，暴雨导致流量、沙量暴涨暴落。祖厉河历史上最大实测含沙量高达1110千克每立方米，是黄河上游含沙量较大的支流之一。

每年秋收时节，祖厉河两岸稻谷飘香，金风送爽，呈现出一派特有的田园风光，靖远八景之"祖厉秋风"就是由此而来。真可谓是：

秋到河干作意清，西风袅袅素生波。
月明沙岸老渔卧，唯听前山落水声。

相传，女娲就是在祖厉河边，用这里的泥土造人的，所以我们的皮肤和这里的泥土颜色一致。

据说，在很早以前，这里发生了一场异常残酷的战争，使方圆几百里只剩下了两户人家。一户姓祖的夫妻生育着一个儿子，家住东山的大山顶上，门前一汪碧潭，流出一道溪水，时称黑龙河。

另一家姓厉，夫妻俩生育着一个姑娘，住在南边的三条岘，门前有数眼清泉，汇聚成小河，起名南河。两家相距遥远，道路不通。随

着儿女成长，两家人各自为子女的婚事发愁。

有一天，祖家父子上山打猎，两人翻山越岭，追逐野兽，不知不觉就到了红日西沉的黄昏。他们正想收拾猎物回家，不料狂风骤起，大雾迷漫，难辨方向，两人竟朝相反的地方走去。

走了多半夜，人已经困乏得不行了，突然看到山坳间闪出了一线灯光。父子俩惊喜异常，便直奔灯光而去。到家门口一打问，才知道住的是厉家。厉家夫妇便热情地招待了祖家父子。当祖家老父得知厉家有一位仙女般美丽的姑娘时，便提出了联姻的要求，厉家夫妇立即满口应承，并告知了姑娘。

厉家姑娘从门缝里看到祖家儿子英武健壮，便唱起了山歌：

门前流水清粼粼，有缘交汇桃花红，
河分南东不见人，闲看浮云了此生。

　　听到姑娘歌声所表达出来的意愿，祖厉两家于是相约等到来年春天阳光灿烂的日子，他们便各自沿着门前的河水走，走到那桃花盛开的地方相聚。

　　天遂人愿，两家果然在两道清溪相汇处的桃花山下，喜结良缘。于是，这两条支流就叫祖河与厉河，而向北流淌的河流叫祖厉河。

知识点滴

　　黄河上游的著名支流之一洮河之中多瑰宝，神奇的洮河绿石，不但可以制砚，而且还可以制造各种器皿，如酒杯、茶壶、小水缸等。

　　洮河是我国含沙量最大的河流之一，年平均流沙量 2920 万吨，常年含沙中的"异重沙"，经过千百年的击磨，有的变成了具有黏性的细沙。

　　在细沙冲击的河岸边缘，有大量的五彩卵石，陆离斑驳，千姿百态，构成各种图案，有的如群雁掠湖，有的似晴空飘逸的玉带，有的像仕女头发梳起的高髻。此外，还有烟云楼台、人物形象、十二生肖、文字符号等，可谓是无奇不有。

　　洮河的奇石，奥妙不在加工，而是在发现。拣一颗石头，初看不像，偶然倒过来看，栩栩如生的人物和图案就出现了。

　　洮河奇石，任其自然，不必追求细节的完整，只要形似神似，这便是洮河奇石的魅力所在。

气势恢宏的黄河中游景观

　　从地理上讲，内蒙古托克托县河口镇至河南郑州桃花峪间的黄河河段为黄河中游，这一河段内汇入了较大支流30条，为黄河泥沙的主要来源。

河口镇至禹门口是黄河干流上最长的一段连续峡谷——晋陕峡谷,河段内支流绝大部分流经黄土丘陵沟壑区,是黄河粗泥沙的主要来源,全河多年年均输沙量16亿吨中有9亿吨来源于此区间。

该河段水力资源丰富,峡谷下段有闻名天下的河瀑奇观壶口瀑布,深槽宽仅30米至50米,枯水水面落差约18米,气势宏伟壮观。

壶口瀑布是黄河中游流经秦晋大峡谷时形成的一个天然瀑布,是我国非常著名的瀑布。壶口瀑布号称"黄河奇观",其奔腾汹涌的气势是中华民族精神的象征。

壶口瀑布西临陕西宜川,东濒山西,位于黄河晋陕峡谷的南部地段。最大瀑面30000平方米,是我国仅次于贵州黄果树瀑布的第二大瀑布。

从早古生代寒武系、奥陶系至中生代的三叠系、侏罗系,燕山运动中晚期地壳发生剧烈挤压,而这一时期,大地上还没有晋陕峡谷的踪影。

后来，在燕山运动的末期及喜山运动时期，晋陕峡谷地貌渐成雏形，晋陕之地遂有一脉河流之水畅行其间。此水初期竟然未曾花费多大的力气就冲出龙门山层次浑厚的灰岩地层，在八百里秦川之地如脱缰的马扬长而去。

而此时，黄河禹门口及其此地带河谷地貌虽无今日宽阔，山势也无今天险峻，河道之中，谷中谷现象十分壮观。

谷中谷也称槽谷，是一种非常珍贵的地质遗迹，它是瀑布形成、发展、衰落和消亡的证据。

谷中谷的北端至瀑布区，南部可达孟门山。其长约5千米，当地人俗称"十里龙槽"，此龙槽宽度不等，窄处30余米，宽处约50米。时至今日，瀑布依然向北退去，谷中谷现象也向北部延伸。

黄河自青铜峡流出后，沿贺兰山东麓经银川盆地北行，后经狼山

南坡渐而向东。再顺阴山山脉经河套盆地东行，至大青山西端拐了一个90度的大弯，然后顺着晋陕峡谷南下进入渭河盆地。

黄河两次90度的大转弯，将中间地块围成一个巨大的地块，就是鄂尔多斯地台，壶口瀑布就位于这一巨大的地台上。

鄂尔多斯地台的西北东三面群山环绕，为而后黄河古道的演化形成奠定了有限的空间和地域。而有关黄河在这一高原区呈"几"字形河道的形成演化，是经过古湖盆期、水系袭夺期、黄河干流的串连贯通期3个地史阶段形成的。

壶口瀑布所处的鄂尔多斯高原地层水平，黄土丰厚，谷地深切，河道宽阔。在地史时期在壶口一带能够形成险要狭长的谷中谷现象及黄烟四起的飞瀑景观，其主要原因与其特殊的构造地质条件有关。岩性条件、水流侵蚀、冰川作用、外力作用等都是形成瀑布的原因。

滚滚黄河水至此，300余米宽的洪流骤然被两岸束缚，上宽下窄，在50米的落差中翻腾倾涌，声势如同在巨大无比的壶中倾出，故名"壶口瀑布"。

以壶口瀑布为中心的风景区面积约100平方千米，集黄河峡谷、黄土高原、古塬村寨为一体，展现了黄河流域壮美的自然景观和丰富多彩的历史文化积淀。

壶口瀑布两大著名奇景"旱地行船"和"水底冒烟"，更是世间罕见。春秋季节水清之时，阳光直射，彩虹随波涛飞舞，景色奇丽。真是"秋风卷起千层浪，晚日迎来万丈红"。

黄河入"壶口"处，湍流急下，激起的水雾，腾空而起，恰似从水底冒出的滚滚浓烟，十数里外皆可观望。春秋两季，流量适中，气温不高，瀑布落差在20米以上，急流飞溅，形成弥漫在空中的水雾，即是"水底冒烟"一景。

黄河壶口瀑布的另一处著名景观就是旱地行船。由于壶口瀑布的落差较大，加之瀑布下的深槽狭长幽深，水流湍急，给水上船只的通行带来很大的困难。

过去，人们从壶口上游顺水下行船只，不得不先在壶口上边至龙王庙处停靠，将货物全部卸下船来，换用人担、畜驮的方法沿着河岸运到下游码头。同时，也是依靠人力将空船拉出水面，船下铺设圆形木杠，托着空船在河岸上滚动前进。

到了壶口下游水流较缓处，人们再将船放入水中，装上货物，继续下行，在岸上人力拖船很费力气，常常需要上百人拼命地拉纤。尽管有一些圆形木杠，铺在船下滚动，但石质河岸上仍被船底的铁钉擦划得条痕累累。

在当时的条件下，"旱地行船"是水上运输越过壶口瀑布的最佳选择，它与壶口瀑布上下比较平缓的石质河岸相适应。

后来，由于公路、铁路的迅速延伸，以及壶口附近黄河大桥的修建，过壶口的水上航运已阻断多年，"旱地行船"也只可看到昔日行船留下的痕迹。

壶口瀑布反复冲击所形成的水雾，升腾空中，使阳光发生折射而形成彩虹。彩虹有时呈弧形从天际插入水中，似长龙吸水，有时呈通直的彩带横在水面，像彩桥飞架，有时在浓烟腾雾中出现花团锦簇、五光十色、飘忽不定、扑朔迷离的景象。

霓虹戏水是"水底冒烟"与阳光共同作用的产物。春秋两季，水

底冒烟，浓雾高悬，每遇晴天，阳光斜射，往往形成彩虹；夏日雨后天晴，有时也会出现彩虹。

山飞海立是对壶口瀑布磅礴气势的形容，黄河穿千里长峡，滔滔激流直逼壶口，突然束流归槽，形成极为壮观的飞瀑，仰观水幕，滚滚黄水从天际倾泻而下，势如千山飞崩，四海倾倒，构成壶口瀑布的核心景观。

黄河在秦晋大峡谷中穿行，汹涌的波涛如千军万马，奔腾怒吼，声震河谷。当瀑布飞泻，反复冲击岩石和水面时，从而产生巨大的声响，并且在山谷中回荡，恰如万鼓齐鸣，旱天惊雷，声传数千米之外。而在壶口瀑布附近，人们更能真切地感受到"黄河在怒吼""黄河在咆哮"。

在壶口瀑布下游的5千米处，在右侧的黄河谷底河床中，有两块梭形巨石巍然屹立在巨流之中，这就是古代被称为"九河之蹬"的孟门山。滚滚黄河水至孟门山分成两路，从巨石两侧飞泻而过，然后又合流为一。

相传，这两个小岛原为一山，阻塞河道，引起洪水四溢。大禹治水时期，把此山一劈为二，导水畅流。此二岛，远眺如舟，近观似山，俯视若门。

又传说在很久以前，有一孟家兄弟的后代被河水冲走，曾在这里获救，故将此二岛称为"孟门山"。

孟门山之上，黄河在沉积岩河床上冲刷出一条深沟，黄河就在这条嵌入石质河床中的深沟中流淌。这条深沟宽30多米，长5千米，故而称"十里龙槽"。

孟门山由大孟门岛和小孟门岛组成，大孟门岛长约300米，宽约50米，高出水面约10米。岛上有一巨型神龟雕像，龟背上立有大禹雕像。孟门迎着汹涌奔腾的泥流，昂首挺立，任水滔天，终年不没。

小孟门岛在大孟门岛上游10多米处，仅五六十米长，这两个河心岛全由呈水平状产出的块状灰绿色砂岩组成，岩石坚硬，抗风化性能较强。

孟门山"南接龙门千古气，北牟壶口一丝天"，其雄姿与龙门、壶口组成黄河三绝，而又以自己独特的风貌著称，古诗有"四时雾雨迷壶口，两岸波涛撼孟门"的佳句。

其实，孟门山原是黄河河床上的一处裂点，壶口瀑布当时就出现在这里。由于长期的地质作用，裂点上移，瀑布由孟门山移动到现在的位置，瀑下深潭发展成闻名于世的"十里龙槽"，而孟门山就是瀑布深潭上移残留下来的岩石块体。

黄河孟门山不但风光迷人，有"孟门夜月"之美。关于"孟门夜月"的说法是有来历的。

传说，古代有位州官奉调入京，乘船沿黄河而下，船到孟门山下，天已黄昏，就靠岸停泊。

晚上，这位州官登上孟门山，观赏黄河小岛上的夜景。只见明月高悬，映入河中，虚虚实实，分外好看。他踏月观景，情趣盎然，便随口吟就"山随波影动，月照浪花浮"的佳句，"孟门夜月"也由此

成为壶口十大景观之一。

　　由于四季气候和水量的差异，壶口景色也时有变换。壶口瀑布最佳观赏期分为两段，一是春季的"三月桃花汛"，二是秋季的"壶口秋风"。这两个时期，水大而稳，瀑布宽度可达千米左右。

　　主瀑虽然难以接近，但远远望去，烟波浩渺，威武雄壮。大浪卷着水泡，奔腾咆哮，以翻江倒海之势，飞流而下。真是"水底有龙掀巨浪，岸旁无雨挂彩虹"。

　　到了数九寒冬，壶口瀑布又换上了一派银装玉砌的景象，在那瑰丽的冰瀑面上，涌下清凉的河水，瀑布周围的石壁上，挂满了长短粗细不一的冰滴溜，配上河中翻滚的碧浪，更显示出一幅黄河流域特有的自然风光。

　　平日里"湍势吼千牛"的壶口瀑布，在"冷静"中呈现出别样风情：黄河水从两岸形状各异的冰凌、层层叠叠的冰块中飞流直下，激起的水雾在阳光下映射出美丽的彩虹，瀑布下搭起美丽的冰桥，两岸溢流形成的水柱如同大小不一的冰峰倒挂悬崖，彩虹时隐时现，游移其间，七彩与晶莹映衬，可谓造化之神奇。

禹门口至三门峡区间，黄河流经汾渭平原，河谷展宽，水流缓慢。河段两岸为渭北及晋南黄土台塬。该河段接纳了汾河、洛河、泾河、渭河、伊洛河、沁河等重要支流，是黄河下游泥沙的主要来源之一。该河段在禹门口至黄河小北干流潼关的132.5千米长的河道，冲淤变化剧烈，河道左右摆动很不稳定。该河段在潼关附近受山岭约束，河谷骤然缩窄，形成宽仅1千米的天然卡口——潼关。

黄河流域的急流险滩有很多，但最为著名的要数潼关。潼关是黄河流域最著名的关隘，也是我国古代著名关隘之一。其地处关中平原东部，雄踞秦、晋、豫三省要冲之地，地理位置十分重要。

潼关的形势非常险要，南有秦岭，东南有禁谷，谷南又有12连城；北有渭、洛二川会黄河抱关而下，西近华岳。潼关周围山连山，

峰连峰，山高路狭，通一条狭窄的羊肠小道，往来仅容一车一马。

潼关位于秦、晋、豫三省交界的黄河三角地带，黄河、渭河、洛河三河交汇于此，北濒黄河，南依秦岭，西连华山，以盛产黄金而闻名于世。

潼关历史悠久，闻名遐迩。古潼关居中华十大名关的第二位，历史文化源远流长。名胜古迹星罗棋布，风陵晓渡、谯楼晚照、秦岭云屏等潼关八景，更是引人入胜。

关于风陵晓渡，这里有一个古老的神话传说。

风陵，传说是女娲氏之墓，位于潼关故城东门外黄河岸河滩。风陵处的渡口叫"风陵渡"。

潼关城地处黄、渭二河交汇处，自古以来就是交通枢纽，水路要冲，还有私人和上下游经常过往客商船只。

每日拂晓，沉睡的黄河刚刚苏醒，岸上树影依稀可辨时，南来北往的客商就熙熙攘攘地朝风陵渡集结了。推车的，骑马的，赶牲口的，荷担的，负囊的……接踵而来。有的赶路，有的候渡，有的则已经坐在船头泛舟中流。

遥望黄河上下，烟雾茫茫，桅灯闪烁。船只南北横驰，彩帆东西争扬，侧耳倾听，哗哗的水声，吱吱的橹声，高亢的号子声，顾客的呼喊声，鸟声，钟声……汇成一片，古渡两岸回荡着优美的清晨争渡的交响曲。

万物复苏，春暖花开，黄河上游的万山丛中，积雪消融，封冰解冻，黄河流量剧增，这就形成了黄河春涨这一独特景观。

站在潼关城头北眺东望，只见银光四闪的冰凌伴随着河水，汹涌而下，水天一色，眼前一叶叶冰船傲居浪头，忽高忽低，时隐时现，有的排着长队，中流争渡；有的单枪匹马，岸边徘徊。风声、水声、隆隆的冰块相撞声，威武雄壮，激荡情怀。

道观神钟，因道观里的异于一般的"神钟"而驰名。相传古时候，这里洪水泛滥，黄河汹涌澎湃，流有雌雄二钟，摩荡有声，铁钟

雌钟止于潼关，而铜钟雄钟则流于陕州。

后来，这口奇异的雌钟，被悬挂在麒麟山顶的钟亭上。钟亭周围绿树参天，白云缭绕，晨昏叩之，钟声抑扬顿挫。"宫商递变，律吕相生，声扬远闻"，清脆悦耳，山川生色。

另一处著名景观是佛头山。佛头山位于潼关县安乐乡境内，是以秦岭支脉佛头山为主体的山岳型风光及宗教文化风景区，景区面积15平方千米，其主峰海拔1806米，因酷似佛首，故称佛头山。

佛头山自古即有"关南名胜""西岳第二奇山"之称，为古今著名的避暑游览胜地。因其山顶常年白云萦绕又称"白云山"。

佛头山的驰名，主要源于潼关妙善公主在此学佛行法并最终在山顶佛崖寺，修成千眼千手菩萨，即千手佛的美妙传说。

佛头山在秦晋豫金三角地带的宗教界享有盛名，每年的农历三、六、九月分别有盛大的庙会，吸引八方来客。

佛头山宗教文化厚重，以佛而命名的山、以佛而命名的寺、以千手佛为核心的传说，又以四方宗教信徒的虔诚崇拜而使整个风景区蒙上了一层神秘、遥远的宗教色彩。

佛头山奇峰异石遍布：大自然鬼斧神工于此，有由佛头山主峰与侧峰组合而成的巨大卧佛，有睡眼蒙眬的"唐僧小憩"，有惟妙惟肖的"老人背山"，还有威风凛凛的"将军峰"、小巧玲珑的"葫芦石"，将把你带入无限的遐想之中。

黄河中游的另一处胜景是黄河石林。黄河石林位于甘肃景泰东南，陡崖凌空，造型千姿百态，是黄河流域独特的地貌奇观。石林中的石柱石笋高达百米左右，最高可达200多米，其形天造地设，鬼斧神工。

在400万年前的新生代第四纪时期的更新世，闻名全球的黄河石林诞生了。黄河石林是亘古旷世的独特地貌奇观，是笼罩在浓郁梦幻色彩中超越时空的造物杰作，是风格迥异的高品位自然景色的优越组合。

在这个神奇的世界里，挺拔伟岸、牵人心魄的峡谷石林与迤逦绵延、荡气回肠的黄河曲流山水相依，以至动静结合，刚柔互济。古朴润泽的龙湾绿洲与疏放高亢的坝滩戈壁隔河而望，两种生态形成了鲜

明的对比，并且反差强烈。

　　黄河石林浸透着浓厚的原始古韵，令人叹为观止。狭谷蜿蜒曲折，如蛇明灭，皆以沟命名，从东南至西北，共有八沟之多，堪称自然奇观。

　　在龙湾石林黄河边上有个观音崖，观音崖下面有一个石洞，洞内有一湾活水。在水底有一块巨石，石头上有一个鸡蛋大的小坑，带沙金的泥土常盛满小坑，水把泥沙冲去，金子重，就沉到坑内，天长日久，就会装满一窝窝金子。所以，人们把这块巨石叫澄金石。关于澄金石还有一个美丽的传说。

　　传说在很久以前，有一个穷小子姓尚，他从小父母双亡，孤身一人。在左邻右舍相助下，他才长大了。他自制了一条羊皮筏子，在黄河上以摆渡为业。他在渡口从不向人多要钱，虽然清苦，日子还能维持下去。

　　有一天，尚小子在摆完渡后，突然看见一只大灰狼叼着小马驹，马驹拼命挣扎，情况十分危急。他就把狼驱赶跑了，救下了小马驹。

从此，尚小子白天摆渡，晚上照料马驹，马驹伤好了，他就赶着马驹在渡口放牧。他喜欢马驹，马驹也离不开他，就像好朋友一样。

两年过去了，小马驹长成了一匹高大的黄骠马。摆渡后，尚小子就骑着马嬉耍。

有一天，他刚跳上马背，这马就飞一般地向黄河里冲去，他大喊道："黄骠马，黄骠马，你今日疯了吗？咱俩都得喂王八啊！"

只听黄骠马说："我没疯，莫害怕，救命之恩要报答。"

尚小子见黄骠马踩水如走平地一样，箭一般地带着他进了观音崖下的大石洞。此时，黄骠马说："那就是澄金石，取了沙金赶快回去，今日之事，千万不能讲给外人听。"

尚小子翻身下马，石洞内的水不深，水下有一块好大好大的石头，石头上面有一个鸡蛋大的小坑，坑里满满地装着黄澄澄的金沙，这金沙映得洞里的水也泛着金光。尚小子脱下衣裳，包了金沙，跳上

黄骠马，飞出石洞，飞过黄河到了家。

就这样，黄骠马一年带着尚小子去一次，尚小子也置了田产，娶了媳妇。闲暇的时候，他还在观音崖下面摆渡，只是不再收钱了。村子里的穷人，在他的帮助下，也渐渐地富了起来。

优美动人的传说，给黄河石林平添了许多神秘色彩。在山峰林立之中有一仙洞，名为盘龙洞。说起盘龙洞，可谓年代久远，这个洞形成于新生代第三纪末第四纪初的地质年代，洞内常年恒温在17度左右。

盘龙洞曾名"兴龙寺"，位于石林的盘龙沟内，沟中有5个洞窟，洞顶有天然形成的太极图。

龙湾村的村民十分崇拜盘龙洞，并塑造数尊佛像供奉于盘龙洞内。自塑造佛像之日起，盘龙洞便成为附近村民的祭拜之地。由于历史的变迁，洞内屡经破坏，屡经修葺。

在盘龙洞中，内外温差较大，在春末或初秋时节，山洞之中，早晚有雾气飘出。相传在很久以前，这里曾经居住一个龙仙，盘龙洞因此得名。

盘龙洞还有一个神奇的功能，那就是能够预报天气。每当天气有骤变之前的三五天内，洞内便有沙粒落下，人们便以此来判断天气的变化。大自然的种种恩赐更增添了盘龙洞无限的神秘色彩。

由于季节的更替和水量的变化，黄河壶口瀑布季季皆有美景，形成了独特的八大景观：水底冒烟、旱地行船、霓虹戏水、晴空洒雨、旱天鸣雷、冰峰倒挂、山飞海立和十里龙槽。

壶口瀑布景区内景点星罗棋布，有孟门月夜、镇河神牛、旱地行船、清代长城、明清码头、梳妆台、古炮台、克难坡等自然和人文景观。

从1994年起，每年举办一次壶口瀑布漂流月，亚洲飞人柯受良和吉县飞人朱朝晖先后驾驶汽车和摩托车成功飞越黄河，壶口景区已成为令人瞩目的旅游热点。

知识点滴

黄河下游地理与人文景观

    万里黄河从青藏高原的巴颜喀拉山，横贯东西，一路汹涌奔腾，锐不可当，最终注入渤海。黄河中、下游的分界点是河南的旧孟津，也就是今会盈镇。

    在孟津江段以西便是闻名华夏的黄土高原。黄河中段流经黄土高原地区，夹带了大量泥沙。因此，当地有"九曲黄河十八弯，一碗河

水半碗沙"之说。

　　在孟津以下的黄河河段为黄河下游。黄河下游几乎没有支流，主要是地上河，水道开阔，水流缓慢。

　　黄河下游河段长期淤积形成举世闻名的"地上悬河"，黄河约束在大堤内成为海河流域与淮河流域的分水岭。除大汶河由东平湖汇入外，黄河在这一河段没有较大的支流汇入。

　　通常的河道是河道底要低于其流经的地面的，而黄河在流经黄土高原地区时由于流速快，所经地段植被情况差，导致大量的泥沙被带走，而到了下游，流速变缓，于是大量的泥沙就沉积了下去，几千年常此积累，堆积在河床上，致使河床升高，地上河就此形成了。

　　泥沙的大量淤积使黄河下游河床不断上升，两岸地区每逢汛期都要面临着洪水的威胁。长期以来，人们采取修筑堤防的方式来约束洪水，致使河床与两岸地面的高差越来越大。黄河因此而成为高出两岸的"地上河"。地上河在一定条件下就决溢泛滥，改走新道。

黄河下游河道迁徙变化的剧烈程度，在所有河流中都是独一无二的。根据有文字记载，黄河曾经多次改道。河道变迁的范围，西起郑州附近，北抵天津，南达江淮，纵横25万平方千米。

在蒙古巴彦淖尔盟西南部的磴口县，黄河河道比县城所在地平均高出4米至6米。黄河奔流在中条山与秦岭之间，东行经河南孟津。由这里距黄河30千米处，就是我国著名的古都洛阳。

洛阳是我国七大古都之一，从东周起，先后九个朝代在此建都，被称为"九朝古都"。洛阳有着数千年文明史、建城史和建都史，我国古代伏羲、女娲、黄帝、唐尧、虞舜、夏禹等神话，多传于此。

洛阳，出河图洛书育三皇五帝，不仅是中华文明的发端之地，也是我国70%宗族大姓的起源地，全球一亿客家人的祖籍地，儒释道三教的汇聚地。可以说，以洛阳为中心的河洛地区是中华文明的重要发祥地，而河洛文化是中华民族的根文化。

下游河段利津以下地区是黄河的河口段。黄河入海口因泥沙淤

积，不断延伸摆动，最终在渤海湾与莱州湾交汇处形成了黄河的入海口。

在这一地区最壮观的景象莫过于"大河流鱼"景观。随着黄河调水调沙大流量洪水的持续下泻，含有大量泥沙的浊流流向下游河道，高含沙量的河水使河水中供氧严重不足，导致鱼儿翻出水面，顺流而下，形成了大河"流鱼"的壮观景象。

黄河是中华民族的摇篮，因为这里曾经气候温暖，森林茂密，土地肥沃，自然资源丰富。早在远古时期，黄河中下游地区气候温和，雨量充沛，适宜于原始人类生存。

黄土高原和黄河冲积平原，土质疏松，易于垦殖，适于原始农牧业的发展。黄土的特性，利于先民们挖洞聚居。特殊的自然地理环境，为我国古代文明的发育提供了较好的条件。早在150万年前，西候度猿人在现今山西省黄河边的芮城县境内出现，其后，100万年前的蓝田猿人和30万年前的大荔猿人在黄河岸边取鱼狩猎，生活繁衍，继续

为黄河文明的诞生默默耕耘。7万年前山西襄汾丁村早期智人以及3万年前内蒙古乌审旗大沟湾晚期智人,奏响了黄河文明的序曲。

伟大的母亲河黄河,历经各朝代的治理和维护,以滔滔不绝之势滚滚东流,昭示着历史,演绎着传奇。

知识点滴

　　黄河人生性豪放,其饮宴与外地不同。在黄河下游,兔的习俗与文化源远流长,在当地民俗文化中占有重要位置。

　　传说很久以前,有一对修行千年的兔子得道成了仙。它们有4个可爱的女儿,各个白皙伶俐。

　　有一天,玉皇大帝召见雄兔上天宫。正当他来到南天门时,看到太白金星带领天将押着嫦娥从身边走去。兔仙不知发生了什么事,就问看守天门的天神。听完她的遭遇,兔仙觉得嫦娥关在月宫里,多么寂寞悲伤,要是有人陪伴就好了。他忽然想到自己的4个女儿,便把嫦娥的遭遇告诉雌兔和女儿们。

　　孩子们明白了父亲的心,都表示愿意去陪伴嫦娥。他们最终决定让最小的女儿去月宫。于是小玉兔告别父母和姊妹们,到月宫陪伴嫦娥捣药去了。

远古遗存

　　黄河流域是中华文明的发祥地，数千年前，黄河流域就住着许多氏族和部落，其首领被尊为"三皇五帝"，为中华民族的发展做出了卓越贡献。在此时期，奠定了我国农业、经济和社会的基础。

　　勤劳勇敢的黄河先民，开创了古老而伟大的黄河文明，他们掌握了最古老的稻作种植技术，发明了最精美的陶器制作方法等。

　　黄河先民还创造了磁山文化、裴李岗文化、齐家文化、仰韶文化、马家窑文化、大汶口文化、龙山文化等，孕育了中华文明。

三皇五帝开创华夏文明

　　传说那是在很久以前的远古时期，宇宙不像现在有日月星辰的轮转，没有天地昼夜，也没有山川河流、风云雷雨。整个宇宙混沌一团，像个大鸡蛋。这个大鸡蛋存在得太长久了，里面渐渐孕育了一个生命，他的名字叫盘古。

　　盘古长期生长在这混沌世界中，感到心烦气闷，便找来先天金石之精的斧凿，将混沌的世界劈开。于是，轻清飘逸的大气上升变成了明亮的蓝天，混浊厚重的尘土沉落下来凝成了厚实的大地。

天地分开之后，盘古担心有一天天会合起来，就手托蓝天，脚踏大地，将天地支撑起来。天每日升高3米，地每日增厚3米，盘古伟岸的身躯，也日复一日变得越来越高大。盘古像一根巍峨的顶梁柱子，矗立在天地之间，不让它们合拢。

盘古死后，身体各部分别化作风云雷电、日月星辰、山川湖泊、肥田沃土、树木花草等，一个美好的世界就这样诞生了。这就是盘古开天辟地的传说。

话说又过了几万年，天神女娲来到大地上。她睿智而仁慈，是从大地中生长出来的神。她生得人面蛇身，神通广大，一天中能变化70次。她在大地上行走，见世界荒凉，感到十分孤独，决心要在大地上创造一些有灵魂的东西。

女娲来到一处水洼处，蹲下身子，随手拿一块泥巴，仿造自己的样子捏造了一个小泥人。女娲看到自己塑造的作品，十分得意，向它吹了一口气，放到地上。小泥人一到地上，立刻有了生命。女娲非常兴奋，又连续捏了几个，都活了。于是，她开始不分昼夜地抟出了许多小生命。

不知过了多久，女娲疲倦了，她觉得速度太慢了，干脆就用芦草编了一条绳子，醮着泥浆抡动，甩动时溅落到周围地面的泥点也立即

变成了许许多多的小人。最初的人类就这样被创造出来了。不久，人类足迹便布满了大地。

在我国远古时期遥远的西北，有一个极乐的国家，叫"华胥氏国"。这个国家没有首领，人们生活美满幸福，寿命也很长。他们落在水里淹不死，掉在火里烧不化，在天空如履平地。生活在这里的人们，可以说是地上的神仙。

在这个极乐的国土上，有个名叫"华胥氏"的姑娘。有一次，她到东方一个非常美丽的大沼泽"雷泽"去游玩，偶然看到泽边有一个巨人的大脚印，觉得这个脚印又奇怪又好玩，想比较一下脚印的大小，便用自己的脚去踩这个巨人的脚印。

　　谁知这一踩就有了某种感觉，后来她就怀了孕，生下了一个男孩，取名叫"伏羲"。

　　雷泽的主神是雷神，在这里留下脚印的就是他，所以人们都说伏羲是雷神的儿子。伏羲长得确实有些像雷神，是人面蛇身。说他是雷神的儿子，还因为他沿着一道天梯，能够自由自在地到天上去。

　　后来伏羲成了东方的上帝，辅佐他的是手里拿着一个矩尺的木神句芒，他和伏羲共同管理着春天。

　　伏羲对人们的贡献非常大。他曾经画出了八卦，这其中包括了天地万物的种种情况，于是那时候人们就用它来记载生活中发生的各种事情。

　　伏羲又把绳子编织起来，做成渔网，用来捕捞江河里的鱼。他看

到人们都是手拿木棍到江河里去打鱼，他便把编织渔网的技术教给人们，使人们捕到许许多多的鱼。他手下的句芒从他编织渔网得到了启发，仿照他的办法编织出了鸟网，教人们去捕鸟。这对人们改善生活条件提供了良好适用的工具。

然而伏羲对人类做出的最大贡献，是他将火种带给了人类。在人类没有火种时期，吃的都是生冷食物，腥膻的生肉常常使人们生病；生的野菜和野果也使人们消化不良。看到这一切，伏羲的心中很难过。

有一次，伏羲来到天山，恰好遇到了大雷雨，霎时间电闪雷鸣，令人十分恐怖。突然，山林里燃起了熊熊的大火。原来，是雷电把干枯的树木引燃了。

这场大火使许多小动物都被烧死了。伏羲拾来这些烧焦的小动物尝了尝，味道非常可口，于是，伏羲便把火种留了下来。

他把这火种传给每一个人，教会人们用火把食物烤熟食用。人们吃了烤熟的食品，一个个身强体壮，无论捕鱼还是打猎都非常有气力，疾病也越来越少了。

上古时期，在河南姬水河一带，住着一个少典族部落，部落首领名叫少典，善于射猎，经常出入深山密林。有一次，少典进山打猎，一只大熊向他求救，他拉弓射箭将一头正在袭击熊群的巨兽射死。少典成了熊的救命恩人，可以任意役使熊群。不久，部落之间发生冲突，少典部落失去了不少土地，损失惨重。后来，少典带领熊群，夺回土地，重建家园。少典部落就改名为有熊部落。后来，这个部落逐渐强大，发展成为有熊国，少典就成了有熊国的国君。

《国语·晋语》载："昔少典娶于有乔氏，生黄帝、炎帝。黄帝以姬水成，炎帝以姜水成。成而异德，故黄帝为姬，炎帝为姜。二帝用师以相济也，异德之故也。"

少典娶了有乔氏的两个女儿作妃子，长妃叫女登，次妃叫附宝。有一天，长妃女登在华亭游玩，忽然有一神龙来伴。女登因此怀孕，生了炎帝，传说他生下来3天能说，5天能走，7天就长全了牙齿，5岁便学会了许多种庄稼的知识。但是，因为他生得牛头人身，脾气又暴，少典不大喜爱，就把他和女登母子俩养在姜水河畔，所以，炎帝长大后就以姜为姓，姓姜，名榆罔。

少典的次妃附宝，有一天到郊外游玩，忽遇暴雨，有电光缠身，许久才离开，绕北斗而去。结果，附宝受孕，怀胎25个月后生下黄帝，起名叫云。据说，黄帝长得"河目龙颜"，落地能语，性情和善，很受少典喜爱，就带着他和附宝一同住在阴水河边。

附宝生就的美容丽质，非常动人，被人们呼为美姬。她常阴水边洗衣淘菜，人们见多了，就把这段河叫成了姬水，黄帝长大以后，便也以姬为姓，名叫姬云。

炎帝姜榆罔长大之后，剽悍勇武，智慧过人，便做了姜姓部落首领，以"牛"为图腾，巫师说他以火德旺，所以称作炎帝。

有一次，炎帝看到一只遍身通红的鸟，嘴里衔了一株带穗的禾苗在空中飞过，穗上的谷粒落在地上，炎帝便把它们拾起来种到了田里。这些谷物长成后，人们吃了既可以充饥，又可以长生不死。人类从此有了足够的粮食，生活开始安定下来。

那时候，人类共同劳动，互相帮助，既没有主人，也没有奴隶，收获的果实大家平均分配，人们就像亲兄弟亲姐妹一样亲密。

为了能让人类过上更加幸福的日子，炎帝让太阳发射出足够的光和热，让五谷孕育生长，使人们生活在温暖光明之中。

从此，人类再也不愁衣食，都非常感谢炎帝的恩德，便尊称他为"神农"。神农氏不但是农业之神，又是医药之神。他有一根神鞭，被称作"赭鞭"。他用这根鞭子来抽打各种各样的药草，药草经过赭鞭的抽打，有毒无毒或寒或热的各种药性就自然地呈现出来了。

神农氏根据这些药草的不同药性用来给人们治病。为了更加确定药性，他亲自去品尝百草。有一次，他尝了一种有剧毒的断肠草，竟然烂掉了肠子。

神农氏看到人类衣食虽然富足了，但在生活上还有许多不方便，于是又让人们设立了市场，把彼此需要的东西拿到市场上去交换。在市场上，人们可用五谷换兽皮，或用珍珠交换石斧等。有了这种交换，人们的财富就更加丰富了。

那时没有钟表，也没有其他记录时间的方法，凭什么来确定交换时间呢？人们又不能放下手中的劳动整天守在市场上。

于是，炎帝又教给人们一个方法，当太阳照在头顶上的时候，人们就在市场上进行交易，过了这段时间，大家便自动离去，也就是散市了。人们很快按照炎帝的办法实行起来，真是既简便，又准确。

在炎帝的教育下，他的后代也为人类做出了许多贡献。他的重孙殳，制作了射箭用的箭靶，鼓和延又制作出了一种叫"钟"的乐器。后来，鼓和延两人又经过努力，创作了许多歌曲，使音乐在人间得到普及，使人们的生活更加丰富了。

　　自从盘古开天辟地以后，他的后裔诸神包括三皇及后来的五帝完成了创世需要的任务后，都入归神籍。伏羲氏、神农氏、女娲氏三皇也被神化为天皇、地皇和人皇。伏羲以天道泰德王天下，被尊为天皇泰帝。神农氏建立了农耕制度，以地道炎德王天下，被尊为地皇炎帝。女娲氏建立了婚姻制度，以人道伦德王天下，被尊为人皇娘娘。

　　对于五帝的说法是沿承三皇而来的，历史上则一般采取《史记·五帝本纪》的说法，是指黄帝、颛顼、帝喾、唐尧和虞舜五位帝王。在神话中五帝也指东、西、南、北、中方位的诸神。

　　黄帝姬云长大后，成了有熊国的继承人，他利用姬河两岸天然的地理优势，与丰富的矿产资源，鼓励部族民众发展农牧业生产，亲自教百姓播五谷，植草木，驯养猪、牛、羊、狗等，使有熊部落很快富庶强盛起来。周围许多弱小部落见他好行仁义，以邻为友，能团结人，就纷纷前来投奔、归顺，使有熊部族逐渐成为中原地区最强大的部族。巫师说他"以土德王天下"，土是黄色，所以叫黄帝。

黄帝和炎帝后来成为联盟，共同成为炎黄子孙的祖先。当时，在长江流域还有一个部落叫九黎族，其势力颇为强大，首领名叫蚩尤。蚩尤经常带领他强大的部落，侵略和骚扰其他部落。

经过许多次激烈的战斗，黄帝先后杀死了蚩尤的八十一个兄弟，并最终活捉了蚩尤。黄帝东征西伐，经过一场场激烈的战争和冲突，渐渐成为所有部落的首领。

黄帝逝世后葬于桥山。其孙高阳立，即颛顼帝。颛顼死后，黄帝曾孙高辛立，即帝喾。帝喾死，子放勋立，即尧。尧死，舜立，舜是颛顼的六世孙。黄帝，颛顼，帝喾，尧，舜即是五帝。

三皇五帝是我国在夏朝以前出现在传说中的"帝王"。从三皇时代到五帝时代，历年无确数，最少数千年。近代考古在中原地区发现的裴李岗文化、贾湖文化等，从7000年前至1万年前已经进入农业社会，其中出土的具有文字性质的龟骨契刻符号与约3000年前的殷商甲骨文有类同和相似之处。

三皇五帝存在有多种说法。基本上，无论是按照史书的记载，还是神话传说，都认为三皇所处的年代早于五帝的年代。

三皇时代距今久远，或在四五千年至七八千年以前乃至更为久远，时间跨度亦可能很大；而五帝时代则距夏朝不远，在4000多年前。

知识点滴

磁山文化开创粟的种植史

　　远古时期，在黄河中下游地区的河北武安磁山一带，气候温和，雨量充沛，非常适宜原始人类生存。这里是黄土高原和黄河冲积平原，十分利于原始农牧业的发展。

在1万多年前，有一批原始先民，他们逐水草而牧，逐水草而居，他们来到了黄河边，最后选择了黄淮平原，居高临水，在草木丰茂的宛丘定居下来，修建了圆形或椭圆形的半地穴式房屋。生活在磁山的人们已经开始"安居乐业"了。

这时，人们已经开始种植粟了。粟是一种一年生草本植物，子实为圆形或椭圆小粒。后来通称"谷子"，去皮后称为"小米"。

人们生活在黄河边，由于土地肥沃，水源充足，于是就大面积种植粟这种谷物，秋天收获后，小囤满，大仓满，人们过上了温饱的生活，开创了原始的农耕文明。有了剩余的粮食，人们又开始饲养起鸡、狗、猪等家禽和家畜，开创了原始的养殖业。

　　这里的人们已经能够用植物纤维织布了，他们穿着自己织的衣服，佩戴着骨蚌等饰物，完全脱离了低等动物的生活状态，开始向高级人类过渡了。

　　人们为了生活的需要，还利用这里得天独厚的优势，利用黄河独特的黏性黄土，发明了制陶工艺，因而成为最早制作陶器的先民之一。尽管这时的制陶业还比较原始，处于手制阶段，火候不高，前期多为夹砂褐陶，纹饰只有简单的绳纹、编织纹、篦纹等，但是，陶器的发明是人类历史上的一大进步，也成为后来中华民族璀璨文化之一。

　　这里的人们又用最原始的陶蓍草器、圭盘等来圭卜日影，这就是后来的"日历"，他们已经能够准确地掌握时辰、节气了，以便他们祭祀和占卜，也便于用来指导农耕农收。

　　人们还把收获的谷子脱皮以后，用钻木取火的方式，放在鸟头形支架三足平底盂的最早炊具里熬小米粥，还用来炖鸡肉和排骨等。

人们还用最原始的文字符号，在陶器上记录下当时生产生活的场景，这为我国后来文字的发展演变奠定了坚实的基础。他们不仅用原始的测量工具丈量土地，建造圆形房基，而且还测量挖掘了四周垂直并有棱有角的储粮窖穴。

人们在这里劳动、生息，创造了灿烂的古代文明，从而成了中华民族古老的文化发祥地，也成了后来河洛文化的核心。

后来，在河北南部武安磁山村东的南洺河北岸台地上发现了一处古人类文化遗址，并命名为"磁山文化"。整个遗址总面积近14万平方米，主要分布在冀南、豫北等地，年代距今1万年至8700年。

磁山文化的发现，填补了我国早期新石器时代文化的重要缺环，为研究和探索我国新石器时代早期文化提供了丰富、宝贵的地下实物

资料。

磁山文化与农业起源、伏羲文化、《周易》发展演变、我国古代历法的形成、制陶业的发展、数学、美学、建筑学等都有着直接的关系。磁山文化是中华文化和东方文明发祥地之一，在我国有着非常重要的地位。

在距今1万至8700年的全新世早期，北方气候相对干凉，更适合粟的栽培，因此，磁山不仅是粟的发祥地，更是黍的起源地。

磁山文化与我国远古伏羲文化完全一致。磁山距我国历史文化名城、七大古都之首甲骨文的故乡、《归藏易》和《周易》发祥地安阳仅80千米，距祭祀女娲皇宫的涉县不足百里，两地不远，时间一致，文化相同，地理位置有着紧密的联系。

"参天之木，必有其根，怀山之水，必有其源"。磁山文化属伏羲神农时期，太昊伏羲作为我国历史记载的中华始祖，开创了华夏文

明，磁山文化自然是其先导之一。

　　磁山原始人类是黄河流域中原地区的一支强大部落，他们在这里创造了人类的最早文明，可谓是最原始的"政治、经济、文化"交流中心。磁山文化遗址历史悠久，真正称得上是"华夏第一都城"，为后来的华夏文明奠定了坚实的基础。

　　1972年冬，磁山村群众在村东台地开挖水渠时，意外地发现了一座在地下沉睡了7000多年之久的"原始村落"，从而揭开了黄河流域早期新石器文化探索的序幕。

　　1976年至1978年，人们在这里进行了3次发掘，发掘面积共达6000平方米，文化层厚一两米，不少窖穴深达六七米。

　　2010年，磁山文化博物馆工作人员从一处坍塌的文化层中发现部分表面附着有植物颗粒的白色块状物体，有关专家认为可能系远古时期的"面粉"。

知识点滴

裴李岗文化进入石陶时代

　　在黄河中游地区，大约在8000年以前，生活着一个古老的民族少典氏族，他们开启了有史以来我国石器和陶器并用的特殊时代。比起磁山时期的先民，少典氏族已经不再过着漂浮不定的游牧生活，无论

是生产还是生活都比以前更为进步。

这一时期的黄河中游，土壤相当肥沃，遍地草木，水源丰富，因此少典居民最终选择在裴李岗定居下来，过上了轻松惬意的生活。前来这里的人越来越多，人们依据黄土高原独特的地理资源，因地制宜地建造半地穴式建筑。

房屋以圆形为主，也有较少的方形房屋，房屋内还建有阶梯式门道，以便出入。有的人也在丘岗临河处搭建茅屋，茅屋有单间、双开间、三开间或四开间不等。临河而居的住所更便于人们从事渔猎经济，渐渐地这里形成了规模庞大的村落。

整个村落由高向低顺势而建，经过一片慢坡后与水势汹涌的双泪

河相接。双洎河与滦河汇合后，又向南流经村落的西部，然后紧靠村落南部折流向东，形成一个河湾，整个村庄就环抱在河湾东岸的台地上。

此时，少典居民已经进入锄耕农业阶段，处于以原始农业、手工业为主，以家庭饲养和渔猎业为辅的母系氏族社会。

在一望无际的田野里，人们用耒耜、石斧和石铲等进行耕作，种植粟类作物。除了农耕，男人们还用鱼镖和骨簇等工具从事渔猎生产。

女人们则在家里照看孩子、加工粮食，并在木栅栏里和洞穴中饲养猪、狗、牛、羊、鹿、鸡等家畜家禽。她们会用鼎之类的陶器在灶上做饭，用陶纺轮和骨针等缝制苎麻一类的衣服。有的居民还在家园附近种植一些枣树和核桃树，以供秋季果实成熟采集食用。

在生产劳作之余，他们也拥有自己简单的文化生活，如在龟甲、骨器和石器上契刻符号式的原始文字用以记事，或将烧制的陶器工艺品摆放在屋里观赏。

每当闲暇节庆之日，男人便拿起石片、陶片等，和着七孔骨笛准确的音律进行伴奏，女人们则打扮得花枝招展，发髻梳得高高的，头上插着骨笄，身上佩戴着骨饰和绿松石等欢乐地跳舞，庆贺丰收的喜悦或某些重大喜事。

人们日常用具应用较多的是陶器。在裴里岗人们建起了许多陶窑，手工制作精美的陶器，创造了我国已知的最早期的陶器文明。

这一时期的陶器以泥质红陶数量最多，占陶器总数的半数以上，夹砂红陶次之，泥质灰陶则最少。陶器大多为泥条盘筑，有纹饰的器物较少。人们日用陶器有钵、缸、杯、壶、罐、瓮、盆、甑、碗、勺和鼎等。偶尔，人们也烧制陶猪头、陶羊头和陶人头等美观大方、形象逼真的艺术品，摆放家中作为观赏或装饰物。

在日常生活中，人们除了广泛应用陶器外，常见的日用工具就是磨制石器，如石斧、石铲、石磨盘、石磨棒、石镰等。

石磨盘是原始社会晚期的遗物，是碾谷物的生产工具。石磨盘是用整块的砂岩石磨制而成，形状像一块长石板。其两头呈圆弧形，鞋底状，长期使用后正面会有稍凹。大多石磨盘的底部有4个圆柱状的磨盘腿，与其配套使用的是石磨棒，石磨棒常被搁置一边，以备用。

在如此遥远的时代，人类就能够用整块石板琢磨出可供谷物脱壳的加工工具，这是一种凝聚着原始人类高度智慧的生产工具。这些先民开

创了我国新石器时代早期的文化，也是中华民族文明的起步文化。

这一时期的人们已经建有自己的公共氏族墓地。人们对死者的安葬也有一定的讲究，这就是中原最古老的文明最真实的写照。数千年以后，经过风雨的荡涤，这里的早期文明被淹没于地下，但是任何力量也无法改变永恒的历史。

裴李岗文化是黄河中游地区的新石器时代文化，分布范围以新郑为中心，东至河南东部，西至河南西部，南至大别山，北至太行山的广阔领域。

在裴李岗文化遗址中，有大量的墓葬，共114座、陶窑1座、灰坑10多个，还有几处残破的穴居房基。共出土各种器物400多件，包括石器、陶器、骨器以及陶纺轮、陶塑猪头、羊头等原始艺术品。

裴李岗文化的重要遗址还包括临汝中山寨遗址、贾湖遗址等。裴李岗文化遗址的发现，填补了我国仰韶文化以前新石器时代早期的一段历史空白，堪称中华民族文明的起步文化。

裴李岗文化与河北武安县的磁山文化和陕西华阴县的老官台文化相比，处于领先地位。

在人类文明初露曙光之际，裴李岗人已经具有非凡的能力，他们利用自己笨拙的双手和从猿向人类过渡时期极为有限的智慧，战胜恶劣的自然环境，建立起古老

的氏族村落，并将他们所创造出的辉煌灿烂的古老文明，作为一份珍贵的厚礼馈赠给后世子孙。

裴李岗文化开启了我国石陶并用的时代，是中原先民独自创造的伟大文明，它在我国古文明的发展进程中，无论是在科学、农业或者是文化、艺术等诸多方面都做出了巨大的贡献。

20世纪50年代，新郑县城北新村乡裴李岗村一带农民在田野耕种时，不断挖出一些形状奇特的石斧、石铲、石磨盘、石磨棒、陶壶等，不知为何物，于是就把这些远古的遗物搬回家中，充当捶布石、洗衣板，或者是用来垫猪圈、垒院墙……

1977年至1982年春，考古工作者先后对新郑县的裴李岗、唐户和沙窝李遗址进行发掘，其中对裴李岗和沙窝李进行了5次较大规模发掘。并将裴李岗遗存命名为"裴李岗文化"。

知识点滴

仰韶文化展现新石器时代

　　仰韶文化主要存在于河南省三门峡市渑池县仰韶村，是我国黄河上游地区重要的新石器时代文化。仰韶文化的持续时间在公元前5000年至公元前3000年，分布在整个黄河上中游地区。

仰韶文化分布广泛，历史悠久，内涵丰富，影响深远，是我国黄河流域华夏文化的主要代表。

当时，人们把居住地建在河流两岸经长期侵蚀而形成的阶地上，或在两河汇流处较高而平坦的地方。因为这样的地形土地肥沃，有利于农业和畜牧的发展，也利于人们日常取水和交通。

后来，人们从半地穴房屋走了出来，把房屋建在了地面上。房屋采用的全是木骨架，并用草泥抹筑成墙，建造向心的建筑。

建造房屋时，人们先在地上挖出一个圆形或方形的坑，在坑中埋设立柱，然后用树枝等材料沿坑壁建起围墙，有的还在内外抹上草泥，以增强牢固性。

最后在立柱和围墙上架设屋顶。房屋多为方形，采用立柱架梁的木结构和"人"字形两檐斜屋顶，房间也有主次空间的区分，开了我国建筑史上土木混构的先河。

日出而作日落而息，人们就在这里繁衍生息，逐渐形成了井然有序的大规模的村落。

　　生产工具的进步促进了农业的发达。人们的主要粮食作物是粟、白菜和芥菜，我国因而也成为最早种植粟和芥菜的国家。半坡居民饲养猪和狗等动物，还用骨制的箭头、鱼叉和鱼钩等外出打猎和捕鱼。

　　除了农业，先人也从事狩猎、捕鱼和采集等活动。那时的农作物主要是粟和黍，饲养的家畜主要是猪和狗。

　　人们普遍使用磨制石器，常见的有刀、斧、锛、凿、箭头等，生活工具有纺织用的石纺轮等。除了石器，人们也制造一些必备的骨器，有些骨器的制作相当精致。

　　仰韶文化制陶业发达，较好地掌握了选用陶土、造型、装饰等工序。人们会手制精美的彩陶，其彩陶器造型优美，表面用红彩或黑彩画出绚丽多彩的几何形图案和动物形花纹，其中人面形纹、鱼纹、鹿纹、

蛙纹与鸟纹等形象逼真生动。

陶器已经开始广泛应用在人们日常生活中，如各种水器、甑、灶、鼎、碗、杯、盆、罐和瓮等。陶器多用泥条盘成器形，然后将器壁拍平制造。

此外，他们还会采用磨光、拍印等装饰手法制作双耳尖底瓶，线条流畅、匀称，极具艺术美感。

这些陶器均以细泥红陶和夹砂红褐陶为主，因而呈现出独特的红色。制陶工艺的成熟和彩陶的制作也成为我国新石器时代最丰盛繁华的时期。

这一时期属于母系氏族公社制的繁荣时期。人们不仅有固定的居住区、制陶区，还建有公共墓地，盛行集体合葬和同性合葬。经常是几百人埋在一个公共墓地，排列井然有序。各墓规模和随葬品差别并不悬殊，但女子随葬品略多于男子。

数千年以后，在仰韶一带发掘出近百处新石器时代文化遗址，出土文物都反映出比较统一的文化特征。因而，人们就把这一时期的遗址定为仰韶文化遗址。

由于时间跨度与分布地域的不同，仰韶文化主要分为半坡类型、庙底沟类型以及西王村三大类型。

半坡遗址所存面积约5万平方米，向人们生动地展现了五六千年前，处于母系氏族社会繁荣时期的半坡先民们的生产与生活情景。半坡居民大多住在半地穴的房屋里，屋内有灶炕，供炊煮和取暖用。

不少出土的彩陶器为艺术珍品，如水鸟啄鱼纹船形壶、人面鱼纹彩陶盆、鱼蛙纹彩陶盆、鹳衔鱼纹彩陶缸等。

陶塑艺术品也很精彩，有附饰在陶器上的各种动物塑像，如隼形饰、羊头器钮、鸟形盖把、人面头像、壁虎及鹰等，皆栩栩如生。

在半坡等地的彩陶钵口沿黑宽带纹上，还发现有50多种刻画符号，可能具有原始文字的性质。在濮阳西水坡又发现用蚌壳摆塑的龙虎图案，是我国最完整的原始时代龙虎形象。

庙底沟遗址位于河南的青龙涧南岸，总面积约36.2万平方米。遗址内包括仰韶文化遗存和仰韶文化向龙山文化过渡时期的遗存。其中，庙底沟类型文化的分布范围，包括陕西关中、山西南部以及河南西部的广大地区，而且影响范围很大，是仰韶文化中最为繁盛的一种类型。

庙底沟二期文化则承袭仰韶文化发展而来，后来发展成为河南龙山文化。遗址内出土有大量的石器、骨器、陶器等遗物。陶器以红地黑花为特点，其纹饰、造型已显示出礼器的先兆。

庙底沟遗址的发现证明中华民族的祖先从远古时代起，经过仰韶文化、龙山文化等，在黄河流域不断地发展并创造了高度的文明。

仰韶文化是黄河流域影响最大的一种原始文化，它纵横1000千米，绵延数千年，在世界范围内来说，也是首屈一指的。

仰韶文化遗址中的诸多考古发现，如陶器制造、纺织做衣、绘画雕塑、文字、历法、宫室营建等，同文献记载中炎帝黄帝时代的创造发明相吻合。

仰韶文化时期，黄河流域基本上已由穴居、半穴居状态进入到地面木构建筑的时代。举世闻名的西安半坡遗址是新石器中期村落的典型代表，生动展示了华夏居室村落的缘起和进化变革。

黄河流域古城堡历史较丰富，在仰韶文化晚期就建有古城堡。郑州西山古城址是仰韶文化的遗存，距今5300年至4800年。

洛宁县新石器时代"西王村遗址"位于洛宁县赵村乡西王村南洛河南岸的二级台地上。整个遗址大致呈长方形，南北长1500余米，东西宽300米，所处地势西高东低。

该遗址文化内涵丰富，从断崖上看文化层厚约13米，仅陶器就有泥质红陶、夹砂红陶、彩陶和泥质磨光黑陶等，纹饰有方格纹、篮纹、素面、划纹等。

这一遗址的发现对研究洛河流域该时期文化分布、发展及同其他文化类型之间的关系，提供了可靠的实物资料。

后人把黄帝奉为中华民族的祖先，在黄帝出生地河南省新郑市有黄帝宫，在陕西黄陵县有黄帝陵。世界各地的炎黄子孙，都把黄河流域认作中华民族的摇篮，称黄河为"母亲河"，为"四渎之宗"，视黄土地为自己的"根"。半坡氏族就是黄帝时期母系氏族早期的生活见证。

黄、炎两族最终合并后，黄帝族、炎帝族和九黎族三个部落，逐步形成以黄帝族为主，相互融合的一个部落，黄帝就成了我国多民族国家的共同祖先。后来，各族都认为自己是黄帝的后代，自称为"炎黄子孙"。

　　1958年，黄河水库考古工作队在陕西柳子镇东南发掘出元君庙墓地。元君庙墓地是属于黄河中游新石器时代仰韶文化的墓地，也是一处基本保存完整的半坡类型墓地。在墓地北面存在着同时期的居住地，还存有少量的老官台文化遗存。

　　墓地内有57座墓葬。合葬墓中的死者，占墓地死者总数的92％。人骨均为仰身直肢，或被整齐地成堆放置在一起，头皆向西。除个别墓葬用卵石垒砌"椁室"，或用红烧草泥土块铺砌墓底外，都是无葬具的土坑竖穴墓。主要随葬器物有陶器、骨器等。

　　元君庙墓地反映了当时存在家族、氏族、部落的社会组织情况。在元君庙墓地，女性墓的随葬品一般多于男性墓，还存在着对少数成年女性和女孩实行厚葬的现象，后者反映了当时存在着重女孩的习俗。

　　在处于锄耕农业生产阶段的半坡类型社会中，劳动分工使妇女在社会生产中占着重要地位。元君庙的仰韶文化半坡类型居民处于母系氏族社会时期。

知识点滴

马家窑文化开创彩陶巅峰

　　传说在很久以前，天空上同时出现了10个太阳。土地被烤焦，庄稼被烘干，人们热得喘不过气来，倒在地上昏迷不醒。

　　人间的灾难惊动了天帝，天帝命令善于射箭的大羿下凡到人间，以解除人间的苦难。于是，大羿带着天帝赐给他的一张红色的弓，一口袋白色的箭，还带着他美丽的妻子嫦娥一起来到了人间。

　　10个太阳在天空发出一

阵阵嘲笑，大羿从肩上拿下那红色的弓，取出白色的箭，向骄横的太阳射去。"嗖"的一箭射出，只见天空中流火乱飞，火球无声爆裂。接着，一团红亮亮的东西坠落在地面上。

人们纷纷跑到近前去探看，原来是一只乌鸦，颜色金黄，硕大无比，想来就是太阳精魂的化身。再看天上，太阳少了一个，空气也似乎凉爽一些，人们不由得齐声喝彩。

大羿受到了极大的鼓舞，他不顾一切用尽浑身气力，连连发箭，只见天空中的火球一个个破裂，霎时间满天流火。

顷刻间，10个太阳就被大羿射去了9个。大羿把最后一个太阳保留在天上，令其朝出暮归，为人类造福。这就是有名的大羿射日的故事。

这个神话传说，最先被5700多年以前生活在黄河上游的马家窑先民活灵活现地演绎在彩陶盆上。

在彩陶盆的最上层有10个亮圆，代表了天上有10个太阳，中间有9个，代表被大羿射掉了9个，最中间一个代表了还剩一个太阳。而每个太阳的中间都有一只鸟头，代表了太阳鸟也就是金鸟。整个工艺精美绝伦，堪称世界级精品。

这一时期，黄河上游地区的马家窑及甘肃、青海境内的洮河、大

夏河及湟水流域一带生活着一个古老的民族。那时的黄河及其支流两岸的台地，接近水源，水草丰茂，土壤发育良好，人们安居乐业，过着衣食无忧的生活。

多数居民仍然居住在半地穴式的房屋中，也有少数居民在平地上建起形状不等的房屋。房屋有方形、圆形和分间三大类，最常见的还是方形的房屋。

适宜的环境加之丰富的水源，使人们的生活水平较以前大为提高。这时，黄河流域的农业经济比较进步，但采集和狩猎仍是经济生活的重要方面。

人们狩猎的工具以石器和骨器为主，工具主要有石镞、骨镞、石球等。在茂密的丛林中，时常有各种动物出没，便于人类捕杀的鹿和野猪等野生动物成为人们争相猎捕的目标。

白天，男人外出狩猎，女人则负责采集和照看孩子。生活在其乐融融的世界里。人们在劳作之余，还精心地饲养了猪、狗、羊等家畜，居民的饮食结构也得到极大的改善。

生老病死，人之常情。马家窑居民很注重人死后的安葬。他们在与住地相邻的地方建造公共墓地。最大的公共墓地有墓葬2000多座。

当时非常盛行土坑墓，土坑墓又分为多种类型，多为长方形、方形和圆形。墓葬排列并没有过多的规则，多数呈东或东南方向排列。

这一时期的葬式因年代和地区的不同而有所变化，分为仰身直肢、侧身屈肢和二次葬。多数的墓葬内都要有随葬品，随葬品主要以生产工具、生活用具和装饰品等为主，也有少数随葬粮食的墓葬。

由于男女间已有了明显的劳动分工，人们死后，男性的随葬品多是石斧、石锛和石凿等工具，女性多是纺轮和日用陶器。

随葬品在数量和质量上都存在着差别，而且越到晚期差别越大。贫富差别的增大，标志着原始社会逐步走向解体。

这一时期，马家窑居民最引世人注目的就是其丰富多彩、技艺精湛的彩陶器。各种器型丰富多姿，图案绚丽多彩，极富于变化，是世界彩陶发展史上无与伦比的奇观，是人类远古先民创造的最灿烂的文化，是彩陶艺术发展的顶峰。马家窑的陶器大多以泥条盘筑法成型，陶质呈橙黄色，器表打磨得非常细腻。

马家窑地区的制陶工艺已开始使用慢轮修坯，并利用转轮绘制同心圆纹、弦纹和平行线等纹饰，表现出了娴熟的绘画技巧。彩陶早期以纯黑彩绘花纹为主，中期使用纯黑彩和黑、红二彩相间绘制花纹，

晚期多以黑、红二彩并用绘制花纹。

这一时期制陶的社会分工开始专业化，建有许多窑场，出现了专门的制陶工匠师，这就使彩陶得以大批量地生产，彩陶的发达也成为马家窑文化显著的特点。

在我国发现的所有彩陶文化中，马家窑文化彩陶比例是最高的，而且它的内彩也特别发达，图案的时代特点十分鲜明。

彩陶是我国文化的根，绘画的源，马家窑居民创造了中国画最早的形式。人们在彩陶的绘制中开始以毛笔作为绘画工具，以线条作为造型手段，并以黑色为主要基调，奠定了中国画发展的历史基础与以线描为特征的基本形式。

马家窑先民将史前文化的发展推向了登峰造极的高度，这一时期的彩陶图画，就是神奇丰富的史前"中国画"。

3000多年以后，这一特殊的文化在甘肃的马家窑发现并因之定名

为马家窑文化。它不仅是工业文明、农业文明的源头，同时它源远流长地孕育了我国文化艺术的起源与发展。

马家窑文化为新石器晚期的文化，是仰韶文化向西发展的一种地方类型。马家窑文化以一种独立的文化形态向世人展示了图案精美、内涵丰富、数量众多的代表上古时期华夏文化的彩陶器皿。

马家窑的彩陶画有力地证明了中华龙的形成起源于蛙纹，从而使我国的彩陶技术达到了世界巅峰。

马家窑文化遗址包括石岭下遗址、马家窑遗址、半山遗址和马厂遗址等4个类型。马家窑文化产生在遥远的史前时代。

它犹如黄河浪尖上的水珠，引领着浪涛的起伏，臻成彩陶艺术的高峰。它留下的极其丰富的图案世界，永远是人类取之不尽的艺术宝库。它的欣赏价值是任何艺术都不能代替的。

马家窑遗址虽然发现较早，但以其命名却是20世纪40年代的事。对马家窑文化的命名，以及是否将半山、马厂类型包括在内，考古界曾有过许多争议。

最早对马家窑遗址进行调查发掘的考古学家将临洮的马家窑遗存和广河的半山遗存，合称为仰韶期或仰韶文化。为了与河南、陕西的仰韶文化加以区别，也称之为甘肃仰韶文化。

后来，考古学家到甘肃进行考古工作，为了确定马家窑期与寺洼期墓葬的关系，发掘了临洮寺洼山遗址。这才认识到甘肃仰韶文化与河南仰韶文化有诸多不同，认为应将临洮的马家窑遗址作为代表，另定名称，称之为马家窑期或马家窑文化。

新石器后期的大汶口文化

在黄河沿岸山东泰安南部大汶河的北岸，在公元前4300年至公元前2500年的远古时期，曾是一片广袤的田地。这里土质肥沃，水源充足，地下资源极为丰富。

肥沃的土壤、丰富的水源为农业生产提供了得天独厚的地理条

件，随处可见大面积的农作物。碧绿的田野，随风起伏的粟田，田野上劳作的人们，组成一幅欢乐祥和的生活图景。

除了种植农作物外，人们还兼营狩猎和捕鱼业，饲养牛、羊、猪、狗等家畜。

在大汶河的北岸靠近河岸的台地上和平原地带的高地上，分布着许多大小不一的村落。

多数的居民结束了居住半地穴式房屋的生活。人们选择向阳的开阔地建造自己的家园。

这一时期，人们居住的房屋已不再是单纯的方形或圆形建筑，建筑时，人们先在地坪上挖好基槽，然后在槽内填满土再夯实。这种建筑方法极大地提高了房屋的稳固性和坚固性。通常，在房屋的附近，人们会挖掘形状不等的窖穴，用来储藏东西。窖穴有圆形竖穴和椭圆形竖穴两种。

这一时期，手工业经济也发展到较高的水平。制陶业、玉石制造业从农业中分离出来，成为独立的经济部门。

这一时期的制陶技术较前已有很大提高。制陶仍以手制为主，后来逐渐发展为快轮制陶器。人们能熟练地用快转陶车来制造陶器，技艺精湛的制陶工匠能把陶烧到温度900度至1000度。

快轮制陶技术得到普遍采用后，磨光黑陶数量更多，质量更精，烧出了薄如蛋壳的器物，表面光亮如漆，是我国制陶史上的鼎盛时期。

人们日常生活中所使用的器型有鼎、鬻、盉、豆、尊、单耳杯、觚形杯、高领罐和背水壶等，都是采用先进的快轮制陶技术烧制而成的。

黑陶和白陶是这一时期制陶业中出现的两个新品种，许多陶器表面膜光，纹饰有划纹、弦纹、篮纹、圆圈纹、三角印纹、镂孔等。然而，这里的彩陶较少但却富有特色，彩色陶器有红、黑、白三种颜色，纹样有圈点、几何图案、花叶等。

白陶的出现有重大意义，白陶上有的还有图案花纹，它为以后瓷器的制作奠定了技术基础。

在制造精美的陶器的同时，雕塑工艺也应运而生。精致的雕塑品

具有较高的艺术水平，人们死后多以此作为墓内的随葬品。

来自能工巧匠的雕塑品有象牙雕筒、象牙琮、象牙梳，雕刻骨珠、骨雕筒、骨梳，牙雕饰、嵌绿松石的骨筒、雕花骨匕、穿孔玉铲、玉珠以及陶塑动物等。这些雕塑品造型优美，制作相当精细，是颇具特色的艺术作品。

当时居民中盛行枕骨人工变形和青春期拔除一对侧上门齿，有的长期口含小石球或陶球，造成颌骨内缩变形。还流行在死者腰部放龟甲，死者手握獐牙或獐牙钩形器。这些习俗为我国其他史前文化所罕见。

大汶口地区的许多刻画符号就是古老的象形文字，人们在陶尊上刻陶文，可视作古老的记录文字。

人们使用的生产工具有磨制的石斧、石锛、石凿和磨制骨器，而骨针磨制之精细，堪称世界一绝。

随着生产力的发展，社会生产的劳动者性别先后发生了很大的变化。男子主要从事劳动生产，已成为社会生产特别是农业生产的主要担当者。女子则在家照顾老小，从事一些纺织活动。社会已经从母系氏族公社阶段发展到父系氏族公社阶段了。

这一时期的晚期，随着生产的发展私有制开始出现，私有制的产生和发展，也导致贫富两极分化，在氏族内部出现富有者和贫穷者。

富有的人死后修建一定规模的大墓，随葬品非常丰富。贫穷的人只能以小墓安葬，几乎没有随葬品或极少量的随葬品。

人们的墓葬多埋于集中的墓地。每一墓地的墓葬排列有序，死者头向一致。墓室多为长方形竖穴土坑，有的仅有棺，但也有棺椁皆备的。葬式一般为单身仰身直肢葬，也有两人合葬或多人合葬的。多人合葬，少则3人，多则达23人。同时，也有夫妻合葬和夫妻带小孩的合葬。

此外，还有一些无头葬、无尸葬和"迁出葬"。迁出葬，就是将墓内部分骨骼迁移他处，而在原葬墓内仍保留死者的部分骨骼。葬式有屈肢葬、俯身葬和重叠葬等。墓内多数无任何随葬品。

凡有随葬品的墓，随葬品的多少十分悬殊。少者一两件，多者百件以上。

有的女性墓葬，墓坑东西长4.2米，南北宽3.2米，墓底有二层台和涂漆棺椁。随葬品有装饰于头和颈部的3串77件石质饰品、玉臂环、玉指环、腹部置玉铲、象牙雕筒、骨雕筒、象牙梳等。有的陶器随葬品多达90余件。

随葬品的悬殊，反映了社会上的贫富差异日趋明显。

3000年以后，这一特殊的原始人类遗址被发现。因首次发现于山东泰安大汶口而命名为大汶口文化。

大汶口文化遗址内涵丰富，有墓葬、房址、窖坑等，分为早、中、晚三期。其范围以泰山地区为中心，东起黄海之滨，西到鲁西平原东部，北至渤海南岸，南及今安徽的淮北一带，河南省也有少部分大汶口文化遗存。

大汶口文化的发现，使我国黄河下游原始文化的历史，由龙山文化向前推进了2000多年，为山东地区的龙山文化找到了渊源，也为研究黄淮流域及山东、江浙沿海地区原始文化，提供了重要线索。与长江流域的河姆渡文化，共称中华民族的文明起源。

大汶口文化属于新石器时代后期，是我国父系氏族社会的典型文化形态。而这一文化形态以山东泰安南部的大汶口文化为典型代表。

大汶口文化于1959年首次发现于与大汶口镇相邻的磁窑镇，后来为了方便记忆，考古学界就用了大汶口镇的名字，将大汶口遗址及其相类同的文化遗存命名为大汶口文化。

其后，于1974年、1977年、1978年，又先后进行多次发掘研究，考古学上通常认为大汶口文化是黄帝族的一部分东迁形成的少暤族所创造的文化。

2009年，在江苏邳州大墩子大汶口遗址出土了一些重要器物，其中阳鸟石璧和骨雕上的阳鸟刻画，从考古遗存上对夷族的太阳崇拜和鸟图腾说提供了证据。

獐牙构形器柄上的刻符与《系辞》中八卦符号相同，证明八卦起源于5000年前的大汶口文化时期，比通常认为易学萌芽于商周之际早2000余年，为研究东夷文明增添了宝贵的新资料。

知识点滴

新石器末期的齐家文化

在古黄河流域，大约距今4130年，甘肃、青海等地及其黄河沿岸阶地上活跃着一个古老的民族。他们依据得天独厚的自然优势，发展农副业，创造了古老而独特的民族文化。

这里的人们都过着比较稳定的定居生活。人们把方形或长方形半地穴式房子建在河旁宽阔的台地上，房屋内多用白灰面铺成，非常坚

固、美观。有的人还在屋内地面中央设有圆形或葫芦形的灶台。这种房屋结构是这一时期黄河流域最普遍的形式。

人们种植的农作物主要以粟类为主，生产工具以石器为主，其次为骨角器。人们用硬度高的玉石制作石铲，刃口十分锋利。又用动物的肩胛骨或下颚骨制成刃宽而实用的骨铲，采用磨光穿孔的方法制作收割加工谷物用的石刀、石镰、石磨盘、石磨棒和石杵等。

作为农业生产的重要补充，当时的畜牧业相当发达。人们饲养的家畜以猪为主，其余包括羊、狗、牛、马等，而养猪业已成为人们经济生活的重要内容。

与饲养业同时，采集和渔猎经济也继续存在着。人们的捕猎技术较以前有了较大的提高，捕获的猎物不仅有鼬和鹿，也能捕捉善于奔跑的狍子。

随着农业生产和养殖业的发展，手工业生产也获得了很大发展，这主要表现在制陶工艺上。当时的制陶技术仍以泥条盘筑法手制为主，部分陶器经慢轮修整，有一些陶罐的口、颈尚留有清楚的轮旋痕迹。制陶工匠已掌握了氧化焰和还原焰的烧窑技术，陶系主要是泥质红陶和夹砂红褐陶，一些器物的表面施以白色陶衣。

大量的陶器是素面的，有些罐类和三足器拍印篮纹和绳纹，也有少量彩陶，绘以菱形、三角、水波和蝶形花纹，线条简化而流畅。

陶器的造型也以平底器为主，三足器和圈足器较少。典型器物有双耳罐、盘、鬲、盆、镂孔圈足豆等，其中以双大耳罐和高领双耳罐最富有特色。

技艺高超的陶工还善于用黏土捏制各种人头造型和动物塑像，人

头长颈圆颊，双眼仰望；动物有马、羊或狗等，形体小巧生动。还有一些陶制瓶和鼓形响铃，铃内装一个小石球，摇时叮当响，堪称当时最巧妙的工艺品。

陶塑的题材也是多种多样，以鸟类雕塑最多，有的形状像水鸟，有着长嘴、长颈和短尾。有的形状像鸽子，体态丰满圆浑。有的则是三足鸟，这种造型和传说中的太阳鸟颇有关系。有的陶器的顶部或内

部雕塑着狗的头部，表明当时畜牧业的发展。

有些陶器上，也有浮雕和刻画出的蜥蜴。蜥蜴是种神秘的爬行动物，特别受到西北的原始氏族人的青睐。而浮雕龙形纹红陶罐，在器腹中部，是用泥条堆塑成横绕的龙形纹，头小而似蛇首，身上

有鳞甲状刻画纹，身子的中部有向上弯曲的爪足，从而展现了这一地区由蛇升华为龙的原始形态。

这一时期，人们在建筑材料上有许多发明创造，如橙红色陶有陶瓦，有板瓦、半筒状瓦等，瓦上面有时代特点鲜明的篮纹和附加堆纹。

另外，纺织业进步也比较显著。大批的陶、石纺轮及骨针等纺织缝纫工具应运而生。人们已经掌握用麻织布的技术，人们穿的衣服主要是用自织的麻布缝制的。

随着手工业的发展，冶铜业也较以前有了长足的进步。冶铜业的发展表现出西北地区这一部族先民的杰出智慧与才能，是对中华民族早期青铜器铸造和生产力发展的一项突出贡献。

在皇娘娘台、大何庄等地已开始制造红铜器和青铜器。其中最大的一件铜器是长方形銎的铜斧。此外，还有一面光平一面饰有七角星形纹饰的铜镜，做工精湛，精美绝伦。

随着青铜制造业的发展，玉器的制作技术也发展到相当高的水

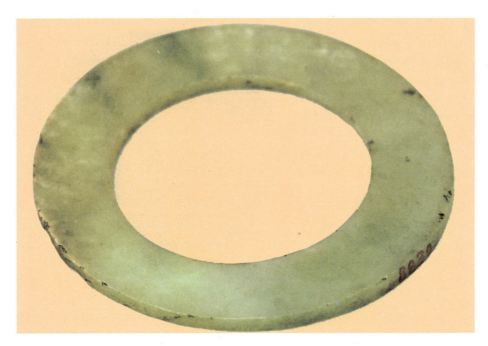

平。一大批数量多、质量精美的玉器开始出现，其器类达30种以上。

　　玉器除了常见的品种如玉璧之外，也有许多新的品种。独具特色的玉器，其内涵之丰富，品种之繁多，工艺之精美，令人折服，这也是我国西北原始文化的重要特征之一。

　　在众多玉器中，最有代表性的是式样繁多的礼器玉琮，除形制各异、大小不等的素面纹琮外，还有竹节纹琮、弦纹琮，更有在琮的一端、射孔之上装饰有或牛、或羊、或熊、或虎等浮雕纹饰的兽首或兽面纹琮、人面纹琮或琮形器。

　　尤其是圆雕玉人立像，性别有男有女，尺寸从十几厘米到超过半米高不等，造型古朴而生动。有的雕像在各器官部位嵌有多颗绿松石，这类雕像多是为了作为膜拜的对象而制。

　　女人日常装饰品有各种玉佩饰、坠饰、发箍等。还有各种多孔形器，许多多孔形器雕，如成扁平的鸟形、兽面形或鸟兽变形之类的图像。

制造玉器有着十分复杂的工艺，要求极为精细。当时匠人们所使用的玉材，主要是产自甘肃、青海本地的玉，也有新疆和田玉。

大量使用和田玉用来制作礼器和部分工具的历史就是从这里开始的，后来随着民族的迁徙与融合，逐渐把文化传播到华夏的其他地区。

这一时期的兵器种类也很多，包括戈、矛、刀、钺、戚等，个别的兵器上还嵌有一枚或几枚绿松石作以装饰。

人们死后多在村庄附近埋葬。大多数墓葬为单人，但也有成年男女的合葬墓，合葬之时，男性为仰身直肢，女性则呈蜷曲姿态，这也是父系氏族社会最普遍的墓葬形式，明显的男尊女卑思想。即使人死后，也要把这种思想带到地下。在有的墓中还有大量的随葬品，这些随葬品大多是石器和陶器。

同时，这里还存在人殉的习俗。殉葬这一习俗反映了社会地位的差别与阶级分化。而给死者墓葬中随葬品的多少也能看出死者生前的生存状况，即现实社会中的贫富不均。当时男子在社会上居于统治地位，女子降至从属境地，婚姻形态为一夫一妻制和一夫多妻制。

生产力的发展推动了私有制的产生，打破了贫富均等的状态，人类有了贫富差别以及人与人之间社会地位的高下之分，这时候便出现了阶级和军事民主制。

星移斗转，岁月的风烟一代又一

代。若干个世纪后，在甘肃省的齐家坪发现了这一特殊的古人类遗址。因遗址首先发现于齐家坪，因而被定名为齐家文化。

齐家文化是以甘肃省为中心地区的新石器末期文化。此外，在甘肃、青海地区的黄河及其支流沿岸阶地上，人们陆续发现了齐家文化遗址350余处。

齐家文化反映了父系氏族社会的典型特点，对研究我国黄河流域的远古人类有着非常重要的意义。

知识点滴

1923年，在黄河上游地区的甘肃广河县齐家坪最先发现了铜石并用时代文化。后来在甘肃、青海地区共发现遗址350多处。齐家文化遗址在青海省境内最有名的当属喇家遗址。

喇家遗址位于青海省海东地区民和回族土族自治县官亭镇境内的黄河岸边二级台地上。保护面积约20万平方米。

2008年，又在宁县焦村乡西沟村徐家崖庄新发现一处齐家文化遗址。2009年，在定西市安定区发现一处距今约4000年的大型齐家文化遗址。

齐家文化和马家窑文化半山类型最早发现于古河州的太子寺，公元前300年左右大夏人活动的中心。

据史料记载，广河县在东晋十六国时设置大夏县，经历北魏、周、隋、唐，县址在今县城西北约5千米处。广河古称太子寺。相传秦王嬴政太子扶苏曾监军驻此修了座寺院，后来民间称太子寺。

大禹时代开启数千年治水史

黄河下游河道在夏、商、周时期呈自然状态，在其低洼处有许多湖泊，河道串通湖泊后分为数支，游荡弥漫，同归渤海，史称禹河。

根据古文献记载，在下游古黄河自然漫流期间，沿途接纳了由太行山流出的各支流，水势较大，流路平稳。它在孟津出峡谷后，于孟县和温县一带折向北，经沁阳、修武、获嘉、新乡、汲县、淇县、汤阴及安阳、邯郸、邢台等地东侧，穿过大陆泽，散流入渤海。

历史上，黄河流域曾经长时期作为我国政治、经济和文化中心。历史上频繁的灾害，也使黄河被称为"中国的忧患"。为了保证长安、洛阳、开封等京都的供应，黄河中下游的水运开发历史十分悠久。

大禹治洪水，是我国远古时期的传说。禹的时代约相当于公元前21世纪。当时，黄河流域出现了特大洪水，河水泛滥的主要地区大致在今河南北部、东部及山东西部一带。这里正是一些著名的氏族部落居住与活动的区域。

传说，最初部落联盟会议推举夏后氏的鲧治水。在此以前，原有共工氏治水的传说。共工氏治水的方法，就是将高处的泥土、石块搬到低处，修筑成简单的堤埂，以堵塞洪水。

"鲧堙洪水"就是沿用共工氏的老办法，用堤来阻挡洪水，结果非但洪水堵不住，堤坝冲垮反而危害更大。鲧治水失败后，死于放逐途中。

以后，部落会议又推举鲧的儿子禹来主持治水，由共工部落的后裔四岳进行协助。

禹总结其父失败的经验教训，提出"疏川导滞"的治水方案，用疏导代替堵塞。就是寻其主流，加深加宽，同时把涣散的细流决通，使归河槽，做到"水由地中行"，由主道流入海。

就这样，经过人工疏浚后，河流的自然状况发生改变，不仅消除了水患，而且原来洪水漫溢之地逐渐干涸后也成为耕地。

从单纯的消极防洪，演变为积极地治河，经过了10多年的时间，终于制伏了汹涌的洪水。从此，因避水而躲到丘陵高地的人们，又迁回到平原上居住和生产。后世人们便永远地怀念禹的功绩。

大禹以疏导为主的治水方针，为后代水利专家继承和发展，掌握了"因水以为师"的水流运动的客观规律，有效地克服了水患。

相传大禹治水时期，凿平龙门山，又开辟龙门，有一里多长，黄

河从中间流下去，两岸不能通车马。

每年的暮春，有黄色的鲤鱼从大海及各条大河争着来到龙门。一年之中，登上龙门的鲤鱼，不超过72条。

刚一登上龙门，就有云雨跟随着它，天降大火从后面烧它的尾巴，于是鲤鱼就变化成龙了。东海中有一群金背鲤鱼、白肚鲤鱼、灰眼鲤鱼，听说禹王要挑选能跃上龙门的风流毓秀之才管护龙门，便成群结队，沿黄河逆流而上。

还没望见龙门的影子，那一条条灰眼鲤鱼便被黄河中的泥沙打得晕头转向，就拐过头来，顺流而下，不费吹灰之力又游回东海。不幸正碰上张着大口的鱼鳖海怪，便呜呼哀哉了。

金背鲤鱼和白肚鲤鱼，摆成一字长蛇阵，轮流打前锋，迎风击浪，日夜兼程，终于游到了龙门脚下。

它们把头伸出水面，仰望龙门神采：只见那神奇的龙门两旁，各有一根合抱粗的汉白玉柱。玉柱上雕着活灵活现的石龙。

龙身缠着玉柱，盘旋而上，直到百丈柱顶。龙门中水浪滔天，银亮的水珠飞溅到龙头之上，恰成"二龙戏珠"的奇异彩图。背景是蓝天白云，映衬着龙门两侧的石刻对联：

长长长长长长长；

朝朝朝朝朝朝朝。

这景色胜过那蓬莱仙境。

鲤鱼们看罢美景，就向禹王报名应试。禹王一见大喜，说："鱼龙本是同种生，跃上龙门便成龙。"

鲤鱼们一听，立即鼓鳃摇尾，使尽平生气力向上跃去，没想到刚跳出水面3米多高，就跌了下来，摔在水面上。但它们并不灰心丧气，而是日夜苦练甩尾跳跃之功。

大禹见鲤鱼们肯苦练功夫，就点化它们说："好大一群鱼!"

有条金背鲤鱼听了禹王的话大有所悟，对群鱼说："禹王说：'好大的一群鱼。'这不是在启发我们要群策群力跃上龙门吗?"

群鱼齐呼："多谢禹王!"

鲤鱼们高兴得摇头摆尾，一条条瞪眼、鼓鳃，用尾猛击水面，只听"噗噗"的击水声接连不断。一跃七七四十九丈高，在半空中一条为一条垫身，喘口气儿，又是一跃七七四十九丈高。

只差两丈了，禹王用手扇过一阵清风，风促鱼跃，众鱼一条接一条地跃上了它们日夜向往的龙门。

有条为众鱼换气垫身的金背鲤鱼，看同伴们都跃上了龙门，唯独自己还留在龙门脚下。它寻思道：我何不借水力跃上龙门。恰巧黄河水正冲在龙门河心的巨石上，浪花一溅几十丈高，这金背鲤鱼猛地蹿出水面，跃上浪峰，又用尾猛击浪尖，鱼身一跃而起，没想到竟跃到蓝天白云之间。一忽儿又轻飘飘地落在龙门之上，如同天龙下凡。

大禹一见，赞叹不已，随即在这条金背鲤鱼头上点了红，一霎时，鱼龙变化。金背鲤鱼变成一条吉祥之物——黄金龙。

大禹命黄金龙率领众鲤鱼管护龙门。这个"鲤鱼跃龙门"传说中的龙门，就位于黄河壶口瀑布南面约65千米处，在晋陕峡谷的最南端。龙门之南，就是开阔平坦的关中平原。

每当洪水季节，由于峡口中的水位壅高，而出了峡谷后，河谷突然变宽，水位则骤然下降，于是在龙门形成明显的水位差，故有"龙门三跌水"之说。"鲤鱼跳龙门"的故事，就是指跳跃此处的跌水。

古代人们对龙门峡这种自然奇观的形成，感到不可思议，便想象为大禹所凿开的一条峡口，因而龙门又被称为"禹门口"。

知识点滴

先秦诸子对禹治水的活动，有所谓"禹疏九河，瀹济、漯而注诸海，决汝、汉，排淮、泗而注之江"，以及"凿龙门，辟伊阙"的记载。

事实上，禹治水仅限于黄河下游平原地区，他不可能遍及如此广阔的幅员，治理如此众多的河道。

因地壳变动，使伊阙山断裂而形成的龙门，也非凭原始工具所能开凿。这只是后人为了追念禹功，把其他一些治水的事迹，都附会到禹的身上，并赋予神话的色彩。

这些夸大禹治水功绩的传说，不过是后人崇德报功的心理表现，但不能因而怀疑禹治水这一故事本来的真实性。

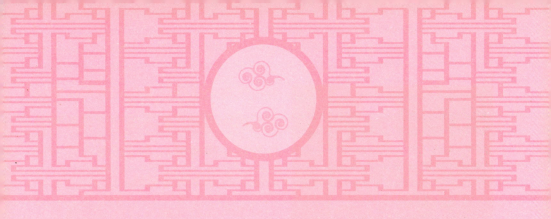

丝绸之路开通后的文化大融合

从秦汉至魏晋南北朝，是黄河文化发展的重要时期，也是黄河文化与胡文化交流、融合的重要时期。

自从汉代的著名外交家张骞出使西域以后，一条以洛阳、长安为起点，直达安息、大秦的交通线形成，这就是历史上有名的丝绸之路。

丝绸之路是一条具有深远历史意义的国际通道，是连接中国和西方世界的第一座桥梁。通过这条古道，促进了东西方文明的交流。

丝绸之路开通后，西方的葡萄、胡桃、石榴、苜蓿、香料、药材、胡椒、宝石、玻璃、象牙、骏马、狮子，以及音乐、舞蹈、天文历法和基督教、佛教、伊斯兰教等文化，大量传入中国。

另一方面，我国的丝绸、漆器、铜铁、火药、金银器、瓷器、桃、梨，以及造纸、打井、炼铜、兴修农田水利和制造火药的技术，也经由这一路线传往西域，大大丰富了世界文化的宝库。

丝绸之路的开辟和发展，不但极大地增进了中西各国各族人民的相互了解和友谊，而且大大丰富了东西方人民的物质生活和精神生活，对社会经济的发展和人类社会的进步做出了巨大的贡献。

魏晋时期，特别是十六国时期，匈奴、鲜卑、羯、氐、羌等少数民族进入黄河流域，使黄河文化在这一特殊形式下复苏，对黄河文化的繁荣有重要的影响。

北朝时，鲜卑族入主黄河流域，给黄河文化注入了新鲜的血液。少数民族地区的所谓"胡桌""胡椅""胡床""胡服"，传入黄河流域，丰富了黄河流域人民的生活。黄河文化是在这一特殊历史时期，融合少数民族文化而形成的多层次文明。

到了隋代，黄河文化进一步发展。当时的朝廷也加强了对黄河的治理和桥梁的修建。其中规模最为宏大的桥梁是一座拱桥，名为灞桥。

灞桥建于582年，该桥为40多孔石拱桥，总长约400米，每个桥墩宽2.5米，长9米，桥跨5米。其恢宏气势和壮观景象，在古代桥梁建筑史上所罕见。

605年，隋朝廷在河南洛阳洛水之上建成一座浮桥，名为天津桥，是第一次用铁链联结船只架成的浮桥。

到了唐宋时期，黄河文化进一步发展和成熟。突厥、铁勒等游牧民族、朝鲜半岛移民，以及西亚、中亚胡人等移民，相继进入黄河流域。外来文明在黄河文化的演进历程中非常重要。

更重要的是，黄河流域的科学技术得到进一步的发展，天文学、

医学、药物、植物、动物、香料、玻璃器、玛瑙、玉器、纺织品、货币、音乐、舞蹈、雕塑、绘画、建筑艺术等外来文明，促进了黄河流域社会生活各方面的发展，同时对黄河流域的饮食、服饰、体育、社会风俗、农业生产、交通运输、城市繁荣、经济作物的种植等，都产生了非常大的影响。

黄河流域的政治、经济、文化与外来文明的交流往来，对黄河流域社会文化的发展产生了极大的影响。无论从传统的民居、民俗，还是从日常生活的点滴，无处不渗透着厚重的黄河文化气息。

黄河流域既是我国建筑最早的发源地，也是历史上最具华夏营造匠意与最兴土木之工的核心区域。这里不仅一脉相承地涌现出一批壮观侈丽、雄浑充沛、规模巨大的都市官式建筑，同时也出现了分布最广、数量最多、风格各异的乡村民居建筑。

民居建筑在布局、形态、空间处理等方面遵循着"适形而止"的建筑原则。其空间序列组合与生活密切结合，尺度宜人而少有变化，建筑内向，造型简朴，装修较为精致。民居与村落，无不植根于厚土醇水之中。黄河人从掘土为穴到夯土筑墙，再发展到以土烧砖制瓦，用土作为建筑材料经营了几千年。

黄河流域的上、中、下游自然地理条件千差万别，人地相宜的民居也是形式多样、千姿百态。

中原大地以四合院最具代表，黄土高原则流行窑洞民居，陇西山区多板屋，河套平原多平顶泥房，草原上是流动的蒙古包，甘南高原藏民住在石头建造的碉房。但在以汉文化为主体的黄河大地之上，窑洞和四合院是黄河民居的主体。

黄土高原地势较高，地貌则岭谷交错、沟壑纵横，典型的大陆性季风气候区，冬天常刮强劲干冷的北风。民谚有"山西人好盖房"的说法，山西四合院建筑为我国民居建筑的瑰宝。

晋商崛起后，富甲天下，他们在家乡精心建造了座座豪宅大院，

如祁县乔家堡的乔家大院、灵石县静升村王家大院、榆次车辋村常家大院等。

当某一姓的祖宗选择居于某地后，随着子孙后代的自然繁衍与房屋院落的增建，最终发展为村落，聚族而居。聚族而居多是出于心理情感上的联结纽带及劳作方式上互助合作的需要，以血缘关系为重。

如陕西韩城党家村为党、贾二姓聚居，从党怒轩定居于此开始，600多年间子孙繁衍，出仕经商，成为关中地区传统留存最好、民居最经典的村落。

黄河人深谙儒家"德润身，富润屋"的古训，显贵一方的官宦商贾无不把自家面子——宅门建造得厚实高大、典丽精致。高大气派的走马门楼，旁设精雕细刻上马石、拴马桩。装饰绝美的垂花门楼，雕有寓意吉祥的图案或文字的门簪、雀替、花板和门联。

几千年来，黄河流域形成了自己的婚嫁风俗。在陕西，旧时结亲讲究门当户对，父母之命，媒妁之言，男女不谋面。男女好合大致要例行订婚、商话、登记、迎娶、回门等程序。而在新密，婚嫁风俗又有所不同，有说亲、相亲、定亲等6个步骤。

生死之外无大事，丧葬文化历来备受重视。在黄河流域，经数千年演变，有着自己独特的殡葬习俗。在陕西，殡葬过程为报丧、暖窑、祭拜、送葬等。

星移斗转，岁月更迭。一代又一代，人类在不断地繁衍生息。生活在黄河流域的儿女，以其勤劳和智慧延续着古老文明，开创着新的历程。

黄河儿女的大智慧和大才情，是任何其他文明都不能与之媲美的。学术大家如孔子、孟子、曾子等，堪称世之典范，而在诗词画曲艺等各方面的大家，在黄河流域也是层出不穷。

黄河儿女民族大义、勇敢奋进的精神也一直激励着后人继往开来。这些光耀历史的人物，不仅在黄河文化的传承与发展中起到至关重要的作用，更推动了华夏民族的腾飞与发展。

黄河中下游平原是中华民族的发源地。从秦汉开始，我国人口就由黄河中下游平原向四周扩散，重点是向南方的长江流域和珠江流域扩散。在唐朝安史之乱后，我国人口地区分布的中心首次由黄河流域

移到了长江流域。

两宋时期，北民的进一步南迁，南方经济在我国经济中的地位，已经超过了北方，对朝廷的财政收入起着重要作用，表明我国古代经济重心南移的进程最终完成。

滔滔黄河给流域内的居民带来繁荣富庶的同时，也给百姓带来过无数次的灾难。但是，黄河的泛滥也推进了另一壮观的现象，那就是人口大迁徙。

第一次大规模的人口大迁徙是走西口。走西口的现象大约是从明代中期开始，规模最大时是出现于明末清初，一直持续到清朝末年。这个时期走西口的人口数量最大，前后经历了大约300年。

走西口的主要是山西人，陕西、河北也有一些居民涌入走西口的大潮。在当时，山西人很贫穷，其穷困的原因并非因为懒惰，而是因为山西的自然条件恶劣。

当时，因走西口在内蒙古定居的河曲人就达20万之多。就这样，一代又一代的山西人走西口，走出了一部苦难史，也走出了一批历经磨炼而精明强干的晋商来。如乔家大院的主人，在鼎盛时期一度垄断了包头的一切贸易经营活动。而乔家由寒酸贫困通往大财大富的发展道路，就是由先祖乔贵发走西口开始的。

心酸的闯荡过程，生死贫富不同的结局，写就了黄河人放下一切走西口的历史，也写下了黄河儿女对命运不屈不挠的勇敢抗争。

另一次规划庞大的人口大迁徙，是闯关东。关东是指以吉林、辽宁、黑龙江等地为主的东北地区，因这一地区处在山海关以东，故名。清代前期东北三省是设禁的，前往关东要"闯"，因为那是越轨犯禁的行为。"闯关东"的流民，以山东、河北、河南、山西和陕西人为多，又以山东人为最。

"闯关东"被世人视为"人类有史以来最大的人口移动之一"，是"全部近代史上一件空前的壮举"。"闯关东"浪潮持续了数百年，是有其深刻的历史渊源的。"闯关东"浪潮，有力地促进了民族间的文化交流与融合。

欣逢盛世，走西口、闯关东的历史已经一去不复返了，但走西

口、闯关东的文化内涵却传承了下来，那就是不屈不挠、艰苦创业的民族精神，是激励后人奋发图强的一笔宝贵的精神财富。

　　位于黄河流域的河南地区有个很奇特的习俗——骂社火。每年农历正月初二至正月十六，东、西村的村民就敲锣打鼓，交替前往对方村子里指名道姓地挑骂。被骂到的人呵呵笑，被骂得越狠越欢喜。这种大俗大雅完美结合的社火被誉为"天下奇俗骂社火"。

　　"社火"也称"射虎"，来源于古代祭祀社神，目的是驱逐鬼神，"春祈良耕，秋报社稷"。这种活动是由宫廷传入民间，逐渐演变为乡村祭神、娱神、迎神的赛会，并加进杂戏、杂耍表演。

　　骂社火，是斗文、斗武、斗巧、斗富、斗丑。在这里，辱骂是一种敬重，辱之越甚则敬之越甚。